CODE

DE

COMMERCE,

MANUEL COMPLET

D'INDUSTRIE COMMERCIALE,

CONTENANT

LES LOIS, RÈGLES, APPLICATIONS ET EXEMPLES
DE L'ART DE GAGNER SA VIE,
ET DE FAIRE FORTUNE LE PLUS HONNÊTEMENT POSSIBLE
DANS TOUS LES ÉTATS;

Par l'auteur du *Code de la Conversation.*

Il ne suffit pas d'être industriel,
Il faut encore être industrieux,
(SAINT-SIMON)

PARIS.

J.-P. ROBET, LIBRAIRE-ÉDITEUR,
QUAI DES AUGUSTINS, Nº 17 BIS.
1820.

MEMBRE DE L'I

DIRECT

6o leço

Prix de souscription ¡

La teinture est encore
milieu des progrès de tou
arts les moins avancés et
leurs résultats. Cette imp
l'absence d'une théorie p
qui précise exactement lès
matières colorantes, et fa

Le brillant succès qu'obtien
sciences prouve, mieux que tou
a jugé depuis long-temps sans
mérite et les plus complets qu
dérne, la *chimie*, etc.

Nous reprendrons au mois
Cours, qui formeront plusieur
des sujets embrassés par les Pr

PARIS. — DE L'IMPR

CODE

DE

COMMERCE.

Se trouve aussi chez :

CHARLES-BÉCHET,
BOULLAND,
FROMENT,
LECOINTE,
LEVAVASSEUR, Palais-Royal.

} QUAI DES AUGUSTINS;

IMPRIMERIE DE TROUVÉ ET COMPAGNIE,
rue Notre-Dame-des-Victoires, n° 16.

CODE

DE

COMMERCE,

MANUEL COMPLET

D'INDUSTRIE COMMERCIALE,

CONTENANT

LES LOIS, RÈGLES, APPLICATIONS ET EXEMPLES
DE L'ART DE GAGNER SA VIE,
ET DE FAIRE FORTUNE LE PLUS HONNÊTEMENT POSSIBLE
DANS TOUS LES ÉTATS;

Par l'auteur du *Code de la Conversation.*

Il ne suffit pas d'être industriel,
Il faut encore être industrieux.
(SAINT-SIMON)

PARIS.

J.-P. RORET, LIBRAIRE-ÉDITEUR,
QUAI DES AUGUSTINS, N° 17 BIS.

1829.

INTRODUCTION.

On explique, on commente, on analyse, on interprète les lois ; chaque jour voit naître quelque nouvel ouvrage où des jurisconsultes savans cherchent à donner le mot de l'énigme législative et il n'y a pas de petite ville de Normandie ou de Basse-Bretagne qui n'ait son OEdipe méditant sur les mystérieuses paroles de Thémis que les légistes de tous les temps ont convertie en sphinx. Certes, c'est un grand, un très-grand mal-

heur qu'on ne puisse pas s'entendre encore sur le sens précis de la
loi ; mais les avoués , huissiers ,
agréés modernes, qui ressemblent
beaucoup aux procureurs et ser-
gens de l'ancien régime , seraient
fort embarrassés si chaque article
du code n'était pas susceptible de
différentes interprétations; et, sans
doute , grâce à eux , car il faut que
tout le monde vive , nous verrons
long-temps encore la pensée du
pauvre législateur subir bien de
singulières traductions, de bizarres
commentaires. Nous ne préten-
dons nullement faire la guerre ou
le procès aux in-folio, in-quarto ,

in-octavo de nos docteurs en droit,
de nos professeurs d'écoles! Ces
messieurs font de gros livres qui
peuvent être fort utiles à la
science et à ses progrès; nous ac-
cordons même à notre époque la
gloire d'avoir produit quelques
centaines de Cujas, de Barthole,
de Pothier, beaucoup plus savans que les jurisconsultes qui ont
illustré ces noms. Mais on accuse
le seizième, le dix-septième et
même le dix-huitième siècles, de
barbarie et de confusion dans les
doctrines judiciaires et théologi-
ques; à en croire l'accusation, les
innombrables auteurs qui ergo-

taient sur les *Coutumes* et sur la *bulle Unigenitus*, n'avaient pas le sens commun; et les indigestes dissertations qui sont si commodes pour nos épiciers, ces énormes volumes qui enveloppaient la cannelle de nos pères et servent encore à envelopper la nôtre, déposent du fatras de notre ancienne législation.

Mais vraiment que pensera dame postérité, en voyant les travaux de notre siècle? Une législation uniforme régit toute la France; point de province, point de bourg qui ne soient soumis à l'empire des six codes; partout on en vante l'excellence, et l'étranger même rend hommage à la sagesse de nos lois. Cependant, les commentaires, les versions, les théories interprétatives vont leur train, comme au bon temps de la coutume et des bailliages. Un géomètre de notre connaissance a même calculé que les ouvrages de controverse judiciaire, depuis la promulgation du code Napoléon, pourraient à peine tenir dans la place Vendôme et atteindraient jusqu'à l'extrémité de la fameuse colonne où fut debout, pendant si peu de temps, le Justinien français.

Il faut convenir que le moment n'est peut-être pas très-bien choisi pour publier un nouveau *Code du Commerce !* Le calcul de notre ami le géomètre, nous le disons avec franchise, nous a d'abord inspiré une grande crainte : à l'aspect de cette montagne de volumes de jurisprudence, nous avons reculé, comme si la tête de Méduse s'était offerte à nos regards. Le moyen de présenter encore au public un nouveau *Code de Commerce* avec quelque chance de succès, lorsque tant de légistes dînent de l'endossement et soupent du contrat à la grosse ; lorsque tant d'agens d'affaires discutent le protêt, verbalisent sur le rechange!

Mais une chose nous a un peu rassurés; c'est que notre nouveau *Code de Commerce* s'éloigne entièrement des formes de celui qu'on révère au grand temple de la Bourse. Jusqu'à présent on n'avait traité la question commerciale que sous le rapport du droit, et nos prédécesseurs en jurisprudence n'avaient pas du tout songé au fait. Ils apprennent au commerçant toutes les formalités à remplir; ils lui expliquent ce qu'il doit faire, ce qu'il doit éviter pour être en règle devant la loi. Nous nous sommes proposé de lui apprendre comment on peut s'enrichir ; nous avons voulu lui aplanir la route qui mène à la fortune, ou du moins à l'aisance. Envisageant le commerce sous un point de vue très-étendu , nous ne nous sommes pas bornés aux applications générales qui s'appliquent ordinairement avec tant de difficulté. Nous sommes descendus dans tous les détails d'un sujet auquel se rattachent tant d'intérêts divers, afin que tout le monde , depuis le fier et hardi spéculateur jusqu'au modeste débitant , y pût trouver son compte, c'est-à-dire des avis et des leçons dont chacun fît son profit.

Notre *Code de Commerce* s'adresse à toutes les industries commerciales, à la foule des citoyens et citoyennes qui font le négoce avec ou sans patente. Remercions l'influence des idées libérales et philosophiques : le commerce n'est plus maintenant l'objet d'injustes préventions, et l'esprit positif a remplacé, parmi nous, ces vaines théories de l'amour-propre aristocratique qui voulait ressusciter de vieux préjugés. Au surplus, tout le monde se mêle de spéculations, de trafic, et à bien considérer les choses, on fait *métier et marchandise* même de ce qui semblerait éloigner des idées de calcul et des vues de cupidité. Il y avait du temps de Molière nombre de gens qui vivaient de la fausse dévotion et des grimaces pieuses. Aujourd'hui les débitans d'hypocrites paroles ont-ils le droit de dire que le commerce ne va pas ? Nous avons cité entr'autres cette branche de commerce pour prouver jusqu'où s'étend la spéculation moderne, et montrer quel vaste champ est ouvert à l'adresse mercantile. Ainsi nous n'aurons pas

de peine à justifier le but de cet
ouvrage, que nous avons entrepris
pour être utile au public. Certes,
nous ne nous flattons pas d'avoir
entièrement réussi; peut-être tous
les lecteurs ne seront-ils pas également satisfaits, et trouveront-ils
qu'il manque quelque chose à notre travail; mais quelle encyclopé-
die, si vaste, si volumineuse qu'on
la suppose, pourrait ne pas omet-
tre beaucoup de métiers et d'industries qui s'exercent de nos
jours? Nous savons qu'il y a des
omissions, de graves omissions
dans notre ouvrage, et qu'il y a
beaucoup de moyens de faire for-

tune, dont nous n'avons pas dit
mot. Mais aussi nous avons cher-
ché à toujours concilier le commerce avec la probité; sans pousser
la morale jusqu'au rigorisme ridicule, nos principes ne pouvaient
composer avec l'indélicatesse, l'in-
famie et l'immoralité de certaines spéculations; nous en pro-
clamons d'avance l'efficacité,
afin qu'on ne nous accuse pas
d'ignorance. Cette profession de
foi importait à notre conscience,
car nous aurions été désespérés
que d'honnêtes gens pussent se
méprendre sur nos intentions:
nous n'enseignons ni la fraude, ni

l'astuce; et une fortune acquise par des moyens illégitimes ne vaut pas, à nos yeux, une pauvreté honnête. Bien des gens de notre connaissance ne s'accommoderont pas de cette doctrine. Une maison de campagne, un brillant hôtel, des chevaux, des laquais et autres accessoires de l'opulence sont choses fort agréables; il y a aussi peut-être quelque plaisir à éclabousser avec la roue de son tilbury le pauvre créancier à qui on a donné dix pour cent payables en dix ans. Mais quels que soient ces avantages, nous n'en persistons pas moins dans nos conclusions.

Bonne renommée vaut mieux que ceinture dorée, dit la raison populaire des proverbes; et elle a cent fois raison : ainsi que les gens dont la conscience n'admet pas le remords en fait d'opérations commerciales, que ces braves courtiers de fraude et de bassesse, qui sont très-peu susceptibles sur le choix des voies et moyens, n'aillent pas au-delà de cette introduction ou préface; notre ouvrage ne leur convient pas du tout : nous n'avons écrit et tracé des règles que pour les honnêtes gens.

CODE

DE

COMMERCE.

EXPOSÉ DES MOTIFS.

—

Une fortune acquise par le travail
et l'industrie offre bien des charmes;
et l'homme qui est l'artisan de sa
prospérité, qui peut dire, en voyant
sa cave bien remplie , en comptant

l'argent de ses revenus et de ses ren-
tes : « je ne dois qu'à moi seul tout
cela, » peut passer pour un homme
fort heureux. Mais quels que soient
les douceurs et les agrémens de cette
situation, quelque satisfaction qu'elle
puisse procurer à l'amour - propre ,
nous croyons que, tout bien considéré , vingt et même quinze mille livres de rente échues par héritage,
sont encore préférables à l'honneur
d'une fortune qu'on ne doit qu'au
travail et à l'industrie. Nous ne fai-
sons pas ici l'éloge du bienheureux
farniente, qu'on aime en France aussi
bien qu'en Italie; loin de nous également l'idée de nous constituer le
panégyriste de la paresse et de l'oisiveté ! nous pensons , au contraire,

que ce sont deux fort vilains défauts.
Mais l'opulence peut encore trouver
ses occupations, et le bien qu'on fait,
quand on est riche, nous semble une
distraction bien agréable, une sorte
d'honorable activité, qui peuvent remplacer les soucis et les mouvemens d'une
profession pénible. Ce que nous vou-
lons dire, c'est qu'il vaut mieux avoir
seulement la peine de naître pour
être riche, que de naître pauvre
et d'avoir beaucoup de peine pour
être riche. D'ailleurs, la vie est si
courte, qu'on ne peut guère compter sur le lendemain. Mais l'opulence
est un cas d'exception dans l'ordre
social : il y a beaucoup plus de
pauvres que de riches; partant il y a
une concurrence terrible de la part

de ceux qui veulent arriver à la fortune.

C'est dans la carrière du commerce
que se précipitent presque toutes ces
ambitions, parce qu'elle leur présente
les chances les plus nombreuses de
succès. D'ailleurs, tant d'exemples de
brillantes destinées qui se sont élevées
de la plus humble condition jusqu'à
l'apogée de l'opulence et de la splendeur, justifient le choix de cette carrière! Qui ne voudrait avoir la réputation et le crédit de tel banquier que
nous pourrions nommer, et dont les
capitaux fécondent et vivifient l'industrie? Qui ne serait jaloux d'exercer
cette puissante influence devant laquelle s'abaisse l'orgueil des couronnes?

Mais, si le commerce enrichit tant de gens, il ne faut pas croire que le hasard seul les ait favorisés. Nous ne savons pas trop pourquoi on voit généralement l'ouvrage du hasard dans le sort de ceux qu'on est convenu d'appeler des parvenus ou de nouveaux riches; on ne veut pas faire la part du travail et de l'adresse, et on dit, avec une sorte d'ironie, qu'ils ont eu du bonheur. Il y a beaucoup d'envie dans cette exclamation si fréquente; elle semblerait une espèce de défi porté à la volonté, à l'infatigable constance de l'homme, et serait bien décourageante pour lui, si tout n'attestait la puissance d'une salutaire intervention, c'est-à-dire le concours des qualités qui constituent l'homme industrieux.

Le bonheur accompagne presque toujours le travail uni à l'intelligence et à l'esprit d'ordre. Sans doute il est des circonstances où la fatalité joue un rôle important. Des revers peuvent déconcerter les plus habiles combinaisons, confondre les espérances les mieux fondées, et la fortune trahit souvent l'honnête homme : mais ces cas sont rares, et des exceptions ne sauraient prévaloir contre la règle. Il est un principe général dont on ne doit jamais s'écarter : consulter ses dispositions morales et intellectuelles, les appliquer aux travaux qui leur conviennent, et concilier, pour ainsi dire, sa profession avec son esprit, voilà le principe dont notre ouvrage présentera le développement.

L'erreur, qui cause tant de mé-
comptes et de désappointemens parmi les individus qui se livrent au
commerce, est de n'avoir pas une
idée juste des choses essentielles et
qu'on pourrait dire de première nécessité. Il y en a quelques-uns, il est
vrai, qui, doués d'heureuses dispositions, naissent, pour ainsi dire, avec
un instinct particulier qui les dis-
pense ou leur tient lieu d'apprentissage, et les appelle à de rapides succès dans la sphère élevée des grandes
opérations, mais le nombre de ces
êtres privilégiés est fort restreint. La
plupart des commerçans ont besoin
d'être initiés aux secrets d'une éducation préliminaire. Comme leurs relations les forcent, sous peine de

ruine et de mauvaises affaires, à être
agréables au public qui achète, à fixer
son attention, à captiver son intérêt, il faut qu'ils connaissent les
moyens d'arriver à ce résultat, objet
de tous les vœux, but de toutes les
spéculations.

Un jeune homme possède quelques
capitaux et s'écrie : je veux être marchand. Tout de suite il loue une boutique, appelle un menuisier pour y
placer un comptoir, y distribuer des
armoires, des cases, et achète des
marchandises qu'il étiquette le plus
énigmatiquement possible ; puis,
quand sa boutique, qu'il appelle son
magasin, est bien balayée, bien propre, il attend les acheteurs, parce
qu'il croit avoir satisfait à toutes les

conditions de son état. Mais les acheteurs ne viennent pas : tour à tour il
s'assied dans son comptoir, et se pro-
mène de long en large, impatient de
voir arriver la pratique. Quinze jours,
six semaines se passent, et à peine
s'il a vu un désœuvré qui, pour tuer
le temps, s'est amusé à faire dérouler
à notre néophyte quelques aunes de
ruban ou de drap. Tantôt il se campe,
les bras croisés, sur le seuil de sa
boutique, et brave héroïquement dix
degrés de froid, comme si, vivante
enseigne, il pouvait fléchir le rigou-
reux dédain, l'indifférence terrible
du public. Pendant ce temps-là, le
loyer court, les petits capitaux dispa-
raissent, les marchandises, dont on
n'a ordinairement payé que la moi-

tié comptant, se détériorent, les échéances arrivent, et notre pauvre négociant est fort embarrassé. Que faire pour se tirer d'embarras? On a recours à des emprunts usuraires, que les promesses illusoires d'un avenir plus heureux doivent couvrir : mais l'argent est cher, très-cher, et, au bout d'une année, crédit, négoce, ressources, tout est perdu. Enfin, la banqueroute, la hideuse banqueroute, comme disait le Jupiter de l'assemblée constituante, est à la porte du marchand, et il attend encore le public.

Tel est le triste sort réservé à l'inexpérience du commerçant novice; les petites-affiches et les greffes de nos tribunaux de commerce, attestent la multiplicité des malheurs qu'elle produit. Demandez à la plupart des marchands qui ont réussi, et dont la prospérité n'est pas l'ouvrage de la fraude et de la mauvaise foi; ils vous diront que l'ignorance et la témérité sont les causes du plus grand nombre des faillites; le tiers des commis qui peuplent les magasins et les boutiques, se compose d'anciens marchands qui ont été obligés d'y chercher un refuge, trop heureux de pouvoir mettre à profit les leçons du passé, d'étudier l'état qu'ils avaient embrassé, sans posséder les premières notions qu'il réclame.

Si le commerce était encore au point où l'a trouvé la révolution, c'est-à-dire avec ses entraves de tout genre, avec ses jurandes, ses corporations et autres institutions gothiques, peut-être notre Code serait-il un hors-d'œuvre : alors il n'y avait pas de concurrence, parce que tout était privilége et monopole. Le gouvernement accordait, ou plutôt faisait acheter le droit de vivre au moyen de son industrie; et comme il ne le vendait pas bon marché, il s'ensuivait qu'il y avait très-peu d'acheteurs. Aussi la France était-elle restée en arrière dans toute espèce d'art industriel; traînée, pour ainsi dire, à la remorque par l'Angleterre, elle hasardait quelquefois une imitation timide, mais n'osait jamais s'élancer dans l'Océan sans limites de l'invention; courbant sa tête sous le joug de la routine, craignant sans cesse d'encourir le soupçon de génie et d'innovation , elle se contentait de ce que l'autorité lui permettait d'imaginer, en exigeant l'examen préalable d'une censure dévouée aux intérêts du préjugé. Comment , dans un tel état de choses, l'industrie française pouvait-elle se développer? quelle pouvait être la concurrence dans les innombrables professions qui dépendent du commerce?

Aujourd'hui tout est changé : cette industrie, si long-temps captive, si long-temps esclave des méthodes routinières, a vu tomber ses fers, et le monopole, sous le nom de maîtrise, a disparu. Cet affranchissement, demandé avec tant d'instance par les besoins des peuples, par les réclamations éloquentes de la philosophie, a

3.

produit d'incalculables bienfaits ; l'esprit humain a fait de nombreuses ten-
tatives qui ont été couronnées du succès; et toutes les branches de l'industrie
animées par les encouragemens d'une
administration éclairée, poussées vers
un perfectionnement rapide par l'ar-
deur d'une émulation salutaire, ont
acquis un merveilleux développement.
Ce gage de la prospérité publique
est aussi celui de l'aisance chez les
particuliers; grâce à cette révolution, le citoyen qui veut travailler,
peut trouver dans son travail des ressources suffisantes : c'est au commerce affranchi que la société entière
doit en partie ce bien-être dont elle
jouit maintenant, en dépit des déné-
gations intéressées et des démentis ca-

lomnieux d'une faction qui ne voit rien de bien au-delà de l'an de grâce 1788.

Cette concurrence, si vive aujourd'hui, cette lutte de tant de spéculations rivales qui s'agitent, se pressent, se choquent, et s'efforcent d'atteindre au même but, doivent nécessairement nécessiter, pour y parvenir, autre chose que du zèle et de l'activité. C'est une arène ouverte à tous les combattans; on ne leur demande ni leur nom, ni leur pays, ni leur devise : le prix du combat est la faveur du public. Mais malheur à celui qui n'a pas étudié toutes les ruses de bonne guerre, qui ne s'est pas pénétré de l'utilité d'adroites manœuvres, qui s'en fie seulement à son bras pour conquérir la palme! On ne peut guère réussir qu'en ne donnant rien au hasard, qu'en asservissant, pour ainsi dire, la fortune par la justesse des calculs èt la rectitude des combinaisons.

Ce sont ces calculs, ces combinaisons dont une longue expérience, secondée par l'autorité de nombreux et d'excellens conseils, nous a fait apprécier les avantages, que nous avons essayé de faire connaître, et de rendre faciles à l'intéressante nation dés industriels. La clarté, la simplicité et une précision toujours juste doivent être les premières qualités d'un Code : aussi avons-nous surtout tâché de les réunir dans notre théorie commerciale. Mais nous avions à craindre le reproche de sécheresse et d'ennui, aujourd'hui principalement qu'on veut bien s'instruire, mais sans bâiller. Fallait-il essayer de faire rire en un si grave sujet ? Fallait-il appuyer de jeux de mots, de quolibets, des conseils, pour arriver à ce qu'il y a de plus sérieux en ce monde, pour faire fortune ? Était-il absolument nécessaire de placer un calembour entre le comptoir et le livre à parties doubles, une pointe à côté de la funeste banqueroute ? Nous ne l'avons pas cru. Cependant, d'un autre côté, conservant une juste mesure, nous nous sommes éloignés des formes pédantesques d'un sévère mentor, d'un Caton de magasin ; enfin quand nous avons rencontré l'occasion d'égayer le sujet, notre figure de législateur s'est un peu déridée. Mais, quelque puisse être le jugement porté par le public sur le nouveau *Code de commerce*, nous espérons que tous les lecteurs y verront une fidélité scrupuleuse à notre devise commerciale : *Il ne suffit pas d'être industriel, il faut encore être industrieux.*

Titre premier.

DISPOSITIONS GÉNÉRALES.

—

CHAPITRE PREMIER.

L'ÉDUCATION.

Art. **1.** QUAND on se destine au commerce, il n'est pas absolument nécessaire de faire toutes ses études jusqu'à la rhétorique inclusivement ; et on peut être très-bon négociant, sans

avoir eu rien à démêler avec l'hypo-
typose et la catachrèse.

Art. **2.** Les cours de belles-lettres
peuvent certainement contribuer à
l'ornement de l'esprit ; mais c'est
presque toujours aux dépens de l'état
qu'on doit embrasser un jour, à moins
qu'on n'aspire au titre de savant, de
médecin , d'avocat.

Art. **3.** Une connaissance exacte
de la langue française, une belle écriture, la science de la tenue des livres,
doivent suffire à un jeune homme,
commerçant futur ; s'il peut y joindre
la connaissance des langues anglaise
et allemande, il aura ce qu'on peut
appeler une instruction complète ,

pour la profession qu'il veut exercer.

Art. 4. Attendu qu'il n'est pas du tout interdit à un commerçant d'être un homme aimable, il peut apprendre quelques arts d'agrément, tels que le violon, la clarinette, la flûte, la danse; mais qu'il se tienne en garde contre les illusions et les prestiges de la musique, et qu'il n'aille pas devenir un dilettante. Le dilettantisme et le commerce sont choses fort incompatibles.

Art. 5. Quelques leçons d'escrime ne sont pas inutiles, parce qu'un négociant, ne devant avoir rien de plus cher que son honneur, doit être en mesure de le défendre.

Art. **6.** Le plaisir de la lecture est très légitime, et un jeune homme peut s'y livrer sans crainte. Mais qu'il choisisse, ou plutôt qu'il se fasse choisir par un ami sage et éclairé les livres où il peut trouver à la fois l'agréable et l'utile; qu'il laisse de côté les romans, dont le moindre danger est de lui faire perdre un temps précieux, et dont le goût funeste peuple les magasins et les boutiques de tant de commis paresseux et nonchalans.

Art. **7.** Qu'il aille quelquefois au spectacle, mais qu'il ne s'en fasse ni un besoin ni une habitude; qu'il consacre ses soirées du dimanche seulement à cet honnête délassement. Si l'affiche du Théâtre-Français annonce une comédie de Molière, qu'il n'hésite pas, entre elle et un mélodrame, ou un vaudeville. Molière lui donnera quelques leçons, dont il pourra faire son profit.

CHAPITRE II.

LES PRÉJUGÉS.

ART. **1.** IL faut d'abord se pénétrer de ce principe, que ce n'est pas l'état qui honore l'homme, mais que c'est l'homme qui honore l'état.

ART. **2.** Quels que soient la profession et le métier que l'on veuille embrasser, on doit l'exercer sans rougir. Une fausse honte en pareille circonstance est un signe certain d'incapacité et de sottise.

Art. 3. Un honnête commerçant, si faibles que soient ses moyens, si petite que soit sa boutique, vaut tout autant qu'un gros banquier de la capitale, qu'un grand fonctionnaire, ou qu'un maréchal de France.

Art. 4. Lorsque par hasard on est tenté de se croire au-dessous des gens qui ont des laquais, des voitures armoriées et beaucoup d'insolence, il est essentiel de relire l'article premier de la Charte constitutionnelle, conçu en termes précis : « Les Français sont égaux devant la loi, quels que soient d'ailleurs leurs titres et leurs rangs. »

Art. 5. L'apprenti commerçant ne doit apprécier, ne doit connaître d'autre noblesse que la réputation d'honnête homme. Cette noblesse-là est préférable à celle des vieux parchemins et des gothiques généalogies.

CHAPITRE III.

LE CHOIX DE L'ÉTAT.

Art. 1. S'IL est utile de consulter son goût et sa vocation, il est nécessaire de consulter aussi ses moyens pécuniaires et les ressources qu'on peut trouver dans sa famille.

Art. 2. Si l'on a des parens pauvres, c'est une raison de plus pour travailler; et alors il faut subordonner entièrement sa prédilection à la nécessité.

Art. 3. Si, au contraire, la fortune promet un avenir brillant à un jeune homme, qu'il s'abandonne à son goût particulier pour tel ou tel état, mais en prenant les précautions toujours indispensables, et en demandant des avis à l'expérience; car il est si facile de se méprendre quand il s'agit de choisir le genre de l'état auquel on est le plus propre!

Art. 4. Il faut surtout se mettre en garde contre les préventions de l'amour-propre : c'est toujours un mauvais conseiller.

Art. 5. Avant de choisir une profession, on doit également se demander si l'on aura assez d'activité, assez de force physique pour en supporter les fatigues. Il est, par exemple, des états qui exigent de longues courses; et comme le cabriolet est chose fort dispendieuse, il faut avoir les qualités d'un solide piéton ; dans d'autres professions, on a presque toujours besoin de l'intervention de ses bras. Ainsi le chapitre de la constitution physique et du tempérament mérite d'être long-temps médité.

CHAPITRE IV

L'APPRENTISSAGE.

Art. **1.** La meilleure, on pourrait même dire la seule école pour apprendre le commerce, c'est la boutique ou le magasin.

Art. **2.** Le novice qui veut s'instruire ne doit pas d'abord choisir le magasin qui a la plus brillante enseigne, et, avant d'entrer dans le temple, il visitera la succursale : il y puisera les premiers élémens de la science ; il s'accoutumera aux menus détails du commerce, et un an ou dix-huit mois doivent suffire pour cela à un apprenti intelligent.

ART. 3. Que dans la petite boutique il étudie les habitudes du public; qu'il se forme aux traditions, aux usages de l'achalandage, du débit, de la politesse commerciale : toutes choses qu'il est essentiel de connaître, et dont la pratique est moins fréquente pour un novice dans un grand magasin.

ART. 4. Il faut se résigner à toutes les corvées, à toutes les épreuves, à toutes les courses, à tous les travaux, quand on commence son apprentissage. C'est un autre martyre dont la palme n'est pas aux cieux, mais au fond d'un portefeuille garni de billets de banque.

Art. 5. On doit respect et soumission entière au patron; mais cependant, lorsqu'il lui arrive de donner des ordres inexécutables, ou qui ne se concilient pas avec le bon sens ou la probité, le parti à la fois le plus simple et le meilleur est de ne lui répondre qu'en prenant son chapeau et en cherchant un autre patron.

Art. 6. Lorsqu'on entre dans un grand magasin, c'est le deuxième et dernier degré d'apprentissage ; là on perfectionne son éducation commerciale ; les relations ont lieu sur une échelle plus étendue; les formes sont plus élégantes, et exigent une tenue, un extérieur plus soignés. Que l'apprenti évite surtout le goût du luxe et de la dépense, ainsi que les mémoires de tailleur, en voulant imiter les premiers commis, dont une toilette très-recherchée est le premier devoir.

Art. **7**. Dans les deux situations, la modestie, l'égalité d'humeur, le zèle sont les principales qualités qui distinguent un apprenti commerçant qui doit un jour faire fortune.

—

CHAPITRE V.

L'ÉCONOMIE.

Art. **1.** Il y a deux sortes d'économies sans lesquelles on ne peut prospérer : l'économie du temps et celle de l'argent.

Art. **2.** Quand on est économe de l'argent et du temps, on est toujours riche, c'est-à-dire qu'on est toujours au-dessus de ses affaires.

Art. **3.** Le jeune homme ne saurait de trop bonne heure s'habituer à compter avec lui-même; qu'il tâche de mettre chaque mois quelque chose de côté ; qu'il ne dépense pas entièrement les appointemens qu'il pourra recevoir en qualité de commis, au risque même de passer pour avare aux yeux de ses camarades.

Art. 4. Si, à la fin de son apprentissage, il a mis en réserve une somme d'argent, fruit de ses économies, il a déjà une chance de succès pour son établissement.

Art. 5. On peut arriver à ce résultat en fuyant les cafés, les estaminets, les billards, où les jeunes commis vont chercher ordinairement de dispendieuses distractions.

Art. **6.** Que l'apprenti consacre ses momens de loisirs à la promenade, à la lecture de livres utiles; qu'il évite surtout les mauvaises liaisons; qu'il soit très-scrupuleux sur le choix de ses amis : c'est de ce choix que dépend en partie son avenir.

CHAPITRE VI.

LA MORALE DE L'INTÉRÊT.

ART. 1. Le principe, la base et le but de tout commerce, de toute industrie, c'est de faire fortune, ou du moins de gagner sa vie.

ART. 2. Une délicatesse trop susceptible est aussi opposée à ce but essentiel que l'improbité et la fraude.

ART. 5. On doit, dès qu'on fait un trafic quelconque, chercher à vendre plus cher qu'on n'a acheté; sans cela, on ferait un métier de dupe.

ART. 4. Il faut se moquer des acheteurs qui, trouvant mauvais d'être obligés de payer, traitent fort cavalièrement la nation marchande, et ont l'air de croire qu'un marchand ne paye pas d'impôts, de patentes, de droits à la douane et de loyers aux propriétaires.

ART. 5. Quand on veut exercer un commerce quelconque, on doit se mettre d'avance au-dessus des reproches ridicules d'égoïsme, d'esprit personnel, d'avarice; un marchand qui les prendrait au sérieux, serait un homme perdu ou bien près de l'être.

ART. **6.** Il faut, autant que possible, unir la philosophie à la science du calcul, aux théories de l'intérêt.

CHAPITRE VII.

L'ÉTABLISSEMENT.

Art. **1.** Si l'on a beaucoup de capitaux pour fonder un établissement, on ne doit y consacrer que la moitié ou les deux tiers de son argent, afin d'avoir des ressources, en cas de non-réussite.

Art. **2.** Quand on n'a, pour commencer des opérations commerciales, que sa bonne volonté, son zèle et sa probité, ce n'est pas grand'chose, ou plutôt ce n'est rien du tout; mais il ne faut pas désespérer de s'établir.

Art. 3. Un jeune homme qui sort d'apprentissage avec d'honorables attestations, peut se présenter chez des fabricans, et obtenir quelques marchandises en dépôt, qu'il soldera au fur et à mesure de la vente.

Art. 4. Lorsqu'il aura pu faire des bénéfices, il tâchera d'acquérir des marchandises au comptant. Alors ses bénéfices s'en augmenteront, parce qu'il aura les marchandises à meilleur marché et de qualité supérieure; pouvant les livrer au public à un prix inférieur, il verra sa boutique plus fréquentée par les acheteurs.

Art. 5. Quelle que soit la généreuse facilité de crédit offerte par le haut

commerce aux jeunes gens, il vaut encore mieux pour ceux-ci renoncer à
ces offres, et attendre l'occasion d'une
association financière, que de s'exposer
aux inconvéniens et aux fâcheuses al-
ternatives du dépôt de marchandises.

ART. 6. Il faut aller souvent à la
Bourse, tâcher de faire connaissance
avec les capitalistes, ouvrir des relations commerciales ; et, lorsqu'on
offre des garanties morales, quand
on peut montrer des certificats de
capacité en bonne et due forme, on
trouve des protecteurs qui ne demandent pas mieux que de concourir
d'une manière ou d'une autre à l'a-
vance des fonds nécessaires.

Titre deuxième.

DU PETIT COMMERCE.

—

CHAPITRE PREMIER.

LE QUARTIER.

ART. 1. Le meilleur quartier est celui où l'on peut espérer le plus d'acheteurs et le moins de concurrens.

ART. 2. Si vous exercez cependant une profession à laquelle un quartier soit spécialement affecté, telle que celle de marchand de draps ou de tailleur, par exemple, ne craignez pas la rivalité du voisinage; une boutique dans le quartier Saint-Honoré est bien préférable à un local qui vous éloignera du centre de votre genre d'industrie.

ART. 3. Il faut, dans les autres états qui n'ont pas de quartier spécial, subordonner le choix de celui où l'on veut s'établir, au goût, à l'espèce et au quartier de la clientelle qu'on a ou qu'on espère avoir.

ART. 4. Tâchez de louer un local dans une maison située à l'angle d'une rue passante; et surtout ne faites pas attention aux inconvéniens qui pourraient résulter, pour les vitres de votre boutique, de la multiplicité des voitures et des piétons. Le vitrier et la main de votre commis pourront réparer facilement le dommage.

Art. 5. Que le bruit d'une rue très-fréquentée ne vous effraie pas : l'assiduité des acheteurs vous payera avec usure le sacrifice de quelques heures de sommeil.

Art. 6. Ne laissez pas passer les huit premiers jours de votre établissement sans faire une visite de politesse au commissaire de police du quartier. Il vous saura gré de votre courtoisie, et pourra, dans l'occasion,

la reconnaître par des services essen-
tiels ; car il sait tout, entend tout et
voit tout ; et le chapitre des contra-
ventions est d'une excessive longueur.

CHAPITRE II.

LA BOUTIQUE.

Art. **1.** Une boutique doit toujours se trouver au niveau de la rue ou à peu près, et un magasin au rez-de-chaussée ou à l'entresol ne saurait être considéré comme une boutique, malgré tout l'art des sophismes et des interprétations.

Art. **2.** Evitez l'inconvénient des marches ou seuils trop élevés, attendu que tous les acheteurs n'ont pas une bonne vue, et qu'une jambe casséc à l'entrée d'une boutique suffirait pour en écarter les chalands les plus intrépides.

ART. 3. Il ne faut pas prodiguer pour l'extérieur les ornemens inutiles : les riches moulures, les arabesques, les astragales ne valent pas une décoration propre, simple, et disposée par le goût, et coûtent beaucoup plus cher.

ART. 4. Il est certains attributs d'un commerce particulier qu'on ne peut se dispenser d'avoir; mais tenez-vous au pur nécessaire, et laissez à d'imprudens rivaux un dispendieux superflu.

ART. 5. Que l'inscription placée au-dessus de votre boutique soit simple et n'ait rien d'affecté; n'imitez pas le charlatanisme néologique de certains marchands qui inventent des mots si bizarres, que le public les prend pour des énigmes.

Art. 6. Mettez votre nom au-dessus de votre porte; ce sera une raison de plus pour que vous l'honoriez.

Art. 7. Il est indispensable de faire un bail qui garantisse au nouveau locataire la jouissance longue et paisible de sa boutique, et le mette à l'abri de la cupidité rapace d'un propriétaire, qui pourrait demander une augmentation dans le prix du loyer.

—

6.

CHAPITRE III.

L'ENSEIGNE.

Art. **1.** Une enseigne ne peut être considérée comme absolument nécessaire à un marchand; et le proverbe *à bon vin point d'enseigne* s'applique également à toutes les professions.

Art. **2.** De bonnes marchandises, la politesse, l'honnêteté envers le public sont préférables aux plus belles enseignes pour faire fleurir un commerce; mais une enseigne composée avec goût ne peut nuire et plaît toujours.

Art. 3. Si votre état vous met en rapport avec le petit peuple, et si votre industrie spécule sur les objets vulgairement dits de première nécessité, tels que le *vin en détail*, *l'épicerie*, *le débit de tabac*, *la mercerie* et autres de ce genre, prenez pour enseigne un signe, un emblême populaires : un *bras d'or* grossièrement peint, un *Frédéric II* grotesquement habillé, le calembour patriarcal du *bon coing*, ou du *signe de la croix*, seraient encore d'un effet plus sûr qu'une allégorie spirituelle, qu'un joli tableau.

Art. 4. Votre commerce consiste-t-il en objets de mode, de fantaisie, en marchandises de luxe, allez trouver quelque jeune élève d'un grand peintre, un de ces Girodet futurs qui ont encore leur réputation à faire, et demandez-lui une enseigne ; il vous donnera du génie à bon marché ; en échange de deux ou trois cents francs, vous aurez un tableau qui fixera sur votre magasin les regards de la capitale pendant six mois au moins.

ART. 5. Quand le chef-d'œuvre sera à votre disposition, placez-le dans un beau cadre, et suspendez-le au-dessus de la porte de votre boutique, de manière qu'il n'ait pas trop à souffrir des injures de l'air, et qu'il soit bien en vue de l'admiration publique. Pour prémunir votre tableau contre les accidens nocturnes, et les attaques d'un

jaloux voisinage, ayez une toile d'un
tissu solide que vous roulerez le soir
sur votre enseigne; par ce moyen,
vous conserverez la peinture pendant
dix ou quinze ans; et peut-être si
votre peintre est devenu un David ou
un Gérard, trouverez-vous un amateur qui vous offrira deux ou trois
cents louis de votre enseigne, trans-
formée en tableau capital d'un grand
maître.

CHAPITRE IV.

LE COMPTOIR.

Art. **1.** Que le comptoir soit d'une élégante simplicité, en chêne, en merisier ou en acajou, suivant la permission de votre bourse, qu'il faut toujours consulter : mais éloignez de ce meuble principal, qui est le trône d'un marchand, les dorures, les glaces dont la vanité vulgaire orne la partie inférieure du comptoir pour les menus-plaisirs des chiens et des chats qui s'y mirent à leur aise, et y font souvent autre chose.

Art. **2.** Quand on est dans le commerce, il ne faut pas avoir peur du froid et du vent, ni craindre de placer son comptoir près de la porte. Il ne saurait en être trop rapproché, parce qu'on doit laisser au public peu de chemin à faire pour trouver le marchand et la marchandise.

ART. 3. Que votre comptoir soit toujours propre et net; ayez soin de le cirer, de le frotter le matin, et de l'essuyer souvent dans le courant de la journée; qu'une pratique, en s'y appuyant, n'y rencontre pas surtout les vestiges d'une prise de tabac; qu'une jolie acheteuse y puisse poser sans risque ses gants et son mouchoir.

ART. 4. Les seuls ornemens du

comptoir doivent être une écritoire et un registre pour les états qui n'exigent point d'instrumens spéciaux, d'ustensiles indispensables, tels que les balances, les poids, et autres objets qui tiennent généralement à la vente en détail.

ART. 5. Le fauteuil, qui doit être placé entre le mur et le comptoir, sera en harmonie avec la construction de ce meuble, qui permettra également l'introduction d'un autre siége pour les occasions où l'on a un compte à débattre ou quelques mots d'entretien familier à échanger avec un ami.

ART. 6. L'ameublement général d'une boutique se réduit au comptoir, au fauteuil et à quelques siéges, et aux casiers et armoires où sont renfermées les marchandises, et qui doivent être, si faire se peut, fermés par des vitrages : mais la même règle de simplicité économique doit être observée pour cette partie de l'ameublement.

CHAPITRE V.

LES AFFICHES ET LES PROSPECTUS.

Art. **1.** Dans la première quinzaine qui suit l'installation, on doit employer les moyens connus de publicité, c'est-à-dire les affiches et les prospectus.

Art. **2.** Adressez-vous pour l'impression de vos affiches à un imprimeur connu pour cette sorte d'ouvrage; faites soigner le titre surtout, car le titre est ce qui doit frapper d'abord les regards; cependant évitez ces mots d'un charlatanisme suranné, composés en gros caractères, tels que: *lisez, ici, allez, voulez-vous,* et autres expressions que l'abus a complétement décréditées.

Art. 3. Veillez à ce que vos affiches soient placardées convenablement, c'est-à-dire dans les lieux fréquentés, et de manière à pouvoir être lues, sans être à la portée des chiffonniers, mendians et autres ennemis jurés des affiches.

Art. 4. N'énumérez pas fastueusement dans vos affiches tous les objets de votre magasin, et qu'elles n'aient pas l'air d'un catalogue de libraire.

Art. 5. Fuyez l'exemple de quelques-uns de vos confrères qui promettent beaucoup plus qu'ils ne peuvent tenir, et qui, annonçant à bas prix certaines choses qu'ils n'ont pas, et qu'ils ne peuvent fournir, disent aux amateurs qui se présentent: « *Nous sommes désespérés, nous venons de vendre la dernière.* » Cette tromperie est mortelle pour un établissement.

Art. 6. Les journaux peuvent être fort utiles pour faire connaître un magasin; mais il faut faire un choix des principales parties de son achalandage, en placer l'annonce mercantile entre deux ou trois phrases honnêtes et polies, et porter le tout aux bureaux des journaux où l'on veut le faire insérer.

ART. **7.** On peut aussi, au moyen de prospectus distribués au domicile des principaux habitans, étendre sa réputation, augmenter sa clientelle: mais cette distribution ne saurait avoir lieu sans frais considérables, et on ne doit point y recourir quand on n'est pas très-avancé dans ses affaires.

CHAPITRE VI.

LE STYLE.

Art. **1**. La politesse doit être l'article de fonds d'un marchand.

Art. **2**. Il ne faut pas que cette politesse soit affectée et prétentieuse, parce que maint acheteur pourrait ne pas la comprendre, ou bien s'en fâcher comme d'une mauvaise plaisanterie.

Art. **3**. Distinguez les différentes espèces de chalands qui fréquentent votre maison; chacune exige un style à part et des formes spéciales.

Art. 4. Avec les pratiques soyez un peu familier, mais que cette familiarité n'aille pas jusqu'au tutoiement et au laissé-aller de la *camaraderie*.

Art. 5. Quand ce sont les domestiques, valets, bonnes, cuisinières, femmes de chambre qui viennent faire les emplettes, ayez pour eux beaucoup d'égards, de prévenances, de ménagemens, parce qu'ils sont généralement très-susceptibles. N'oubliez pas surtout avec eux le chapitre des étrennes, car ils tiennent beaucoup à l'usage antique et solennel.

Art. 6. Ne surfaites jamais sur le prix de vos marchandises, pour en venir ensuite à une forte diminution, et donner un démenti à vos premières assurances de bonne foi et de loyauté.

Art. **7.** Lors même que vous ne concluriez pas de marché avec une personne peu raisonnable, n'en persistez pas moins dans votre politesse, et ne témoignez ni humeur ni rancune : cette personne ayant à se louer de vos procédés, s'en souviendra dans l'occasion, et vous la reverrez peut-être un quart-d'heure après sa sortie de votre boutique.

CHAPITRE VII.

LES CANCANS.

Art. **1.** Ne vous occupez pas des propos que la médisance de vos voisins peut tenir sur votre compte; mais occupez-vous plutôt à mériter qu'ils disent du bien de vous.

Art. **2.** Si une pratique, transfuge d'une boutique rivale, s'échappe devant vous en invectives et en injures contre le maître, affectez de ne pas ajouter foi à ces paroles malveillantes; palliez les torts de votre voisin :

ce sera le meilleur moyen de ne pas vous compromettre, et d'arrêter le torrent de l'humeur médisante.

ART. 3. Evitez les trop fréquens rapports avec les marchands d'alentour : cette conduite vous épargnera des visites de politesse, et partant des pertes d'un temps toujours précieux ; puis vous n'aurez pas à vous plaindre d'une indiscrète curiosité.

ART. 4. Méfiez-vous de la langue des portières et des cuisinières, qui se plaignent toujours de leurs maîtres, afin de connaître votre façon de penser et d'en tirer parti, si par hasard elle s'accordait avec leur opinion personnelle.

Art. 5. Si vous avez des enfans, ne leur permettez pas d'aller jouer avec les enfans de vos voisins. Ce sont autant d'innocens espions, de naïfs délateurs, dont les commères mettent facilement à contribution la bavarde ingénuité,

CHAPITRE VIII.

LE CRÉDIT.

ART. **1.** MESUREZ le crédit que vous pouvez faire sur la situation de votre caisse et les rigueurs financières de votre négoce.

ART. **2.** Avant d'accorder de crédit à une personne, éprouvez-la en vous faisant payer comptant pendant quelque temps, et ne laissez pas, malgré l'épreuve essentielle, grossir le mémoire.

ART. **3.** Ne consentez avec une cuisinière ou une bonne à ne pas exiger d'argent, que lorsque vous aurez pris des informations sur ses maîtres, et sur la faveur dont elle jouit auprès d'eux.

Art. 4. Ne vous en rapportez jamais à votre souvenir pour les fournitures que vous pourrez faire à crédit. Le registre fait foi partout; et, si vous ne pouviez montrer sur-le-champ l'inscription en règle, vous courriez risque d'être éconduit par des fins de non-recevoir, toujours désagréables, ou d'avoir à subir des criailleries, des contestations qui font toujours le plus mauvais effet.

Art. 5. Quand vous rencontrerez

des pratiques peu honnêtes , avec lesquelles vous pourrez faire un léger sacrifice, faites-le de bonne grâce; mais prenez vos mesures pour l'avenir. Ce sacrifice sera de l'argent placé à gros intérêt : vous jouerez un rôle superbe aux yeux de tout le quartier.

CHAPITRE IX.

LE MÉMOIRE.

Art. **1.** Que la plus grande délicatesse, la plus sévère probité président à la confection de vos mémoires.

Art. **2.** Si par hasard vous vous êtes trompé à votre désavantage, en livrant de la marchandise pour un prix inférieur à la valeur réelle, et que l'acheteur ait *consommé* (style vulgaire), faites votre *meâ culpâ* avec une très-humble résignation, et subissez les conséquences de votre erreur.

ART. 3. Il n'est pas cependant défendu, dans le cas précédent, de faire
quelques observations ; mais il faut
s'en rapporter purement et simplement
à la justice de l'acheteur.

ART. 4. Tâchez que vos mémoires
soient écrits lisiblement, et faites surtout bien exactement votre addition :
un chiffre de trop est la plus gros-
sière faute d'orthographe en matière
de mémoires commerciaux.

ART. 5. Si la pratique vient chercher elle-même son mémoire, présen-
tez-le-lui plié proprement, et accom-
pagnez cette présentation d'un mot
aimable et d'une politesse, qui re-
poussent toute idée d'une instance
importune et intéressée.

Art. **6**. Quand vous adresserez votre mémoire au domicile d'une pratique, qu'il lui parvienne par une voie indirecte, et accordez-lui au moins quinze jours de réflexion et d'examen. Ce délai expiré, faites les démarches nécessaires.

CHAPITRE X.

UNE FEMME.

Art. **1**. Ce n'est pas le tout que d'être commerçant, il faut encore être bon citoyen, et un bon citoyen doit être père de famille.

Art. **2**. Une maîtresse ou bonne amie, comme on voudra l'appeler, ne saurait remplir le vœu de la société et du législateur, et convient tout au plus à un commis.

Art. **3**. Quand on est à la tête d'un

établissement quelconque, il faut songer au solide; et une femme, si on sait la choisir, peut joindre l'agréable à ce solide qui constitue les véritables fonds de commerce.

Art. 4. Si vous ne pouvez trouver une femme riche, tâchez d'en avoir une bonne, et qui soit au fait des détails du ménage. Cette dernière qualité équivaut à une dot.

Art. 5. Si votre épouse est jolie et que sa présence ne soit pas absolument nécessaire aux opérations de votre négoce, montrez-la le moins souvent à vos amis et connaissances; et si l'adage ancien, *cache ta vie*, ne vous est pas applicable, il y en a un qui est bien plus vrai, plus utile; c'est celui-ci : *Cache ta femme.*

ART. **6.** Lorsque vous êtes obligé de placer votre épouse dans votre comptoir, et d'en passer par tous les risques auxquels peuvent vous exposer les séductions dont on entoure une jolie femme, conciliez les soins de votre honneur avec ceux de votre commerce : soyez jaloux, mais sans que cela paraisse.

ART. **7.** Souvenez-vous de la parole évangélique : *Croissez et multipliez.* Mais il est certaines restrictions qu'il faut mettre à l'observation de ce précepte, et pour lesquelles un négociant

prudent et sage prendra conseil de
sa prévoyance et de l'état de ses ressources pour l'avenir de ses enfans.

Titre Troisième.

LE HAUT COMMERCE.

—

CHAPITRE PREMIER.

LE MAGASIN.

Art. **1.** On a de grandes facilités pour trouver un emplacement destiné à servir de magasin, et on peut indifféremment le placer à un rez-de-chaussée comme à un premier étage.

Art. **2.** Il faut qu'un magasin soit,

autant que faire se peut, spacieux, bien éclairé, et surtout que les murs n'en soient pas humides, parce que l'humidité nuit aussi bien à la santé du négociant qu'à celle des marchandises.

ART. 3. On doit prendre pour la location d'un magasin les mêmes mesures que pour celle d'une boutique, c'est-à-dire, s'en assurer la jouissance par un bail en bonne forme.

ART. 4. Que les marchandises qu'on dépose dans ce magasin, quelle qu'en soit la nature, soient mises en ordre au fur et à mesure qu'on les apporte, et que l'amateur qui entre dans cette enceinte n'y voie jamais la confusion, qui pourrait lui inspirer des préventions fâcheuses.

Art. 5. Veillez à ce que le magasin soit balayé au moins deux fois par jour, et que l'araignée n'ait pas le temps d'y filer sa toile accusatrice de votre négligence et de votre incurie.

Art. 6. Faites placer sur la porte de ce local une inscription qui indique sa destination ; et si par malheur il était situé au fond d'une cour ou dans une partie retirée d'une maison, qu'un avis complaisant, écrit en caractères bien lisibles sur la porte cochère, ne laisse rien à desirer à la curiosité des visiteurs.

CHAPITRE II.

LES COMMIS.

Art. **1.** Le chef d'une maison ne saurait être trop scrupuleux sur le choix de ses commis, ni trop vigilant sur leur conduite.

Art. **2.** C'est une ostentation très-dispendieuse qu'un grand nombre d'employés ; le mieux est d'en avoir peu, et qui unissent l'activité à l'intelligence et à l'honnêteté.

Art. **3.** Il est certains travaux qu'un

chef ne doit point confier à ses commis : tel est celui de son grand-livre, pour lequel il faut qu'il tâche de suffire lui seul, quelle que soit la multiplicité de ses opérations.

ART. 4. Il importe beaucoup de tenir secrète et de ne communiquer à aucun subalterne la liste de ses cliens et pratiques.

ART. 5. Que les rapports du chef avec ses employés soient sans familiarité, comme sans morgue et sans roideur : justice et sévérité, telle doit être sa devise.

ART. 6. Quand on a mis à l'épreuve le dévouement et le zèle d'un employé, on peut s'en faire un ami, et lui donner un intérêt dans la maison : par ce moyen, on aura un suppléant sur lequel on se reposera du soin qu'exige un grand nombre d'affaires.

CHAPITRE III.

LA CAISSE ET LE CAISSIER.

Art. **1.** Il ne suffit pas d'avoir une caisse entourée d'un grillage ou d'un vitrage, avec un petit guichet et une plaque au-dessus de la porte : avant la caisse, il faut avoir de quoi la remplir, ou du moins de quoi faire face à tous les frais, payemens, échéances, et autres accidens de la vie commerciale.

Art. **2.** Il est d'une nécessité rigoureuse d'avoir en caisse à peu près la moitié en sus de ce dont on présume avoir besoin.

Art. 3. Quand l'aide d'un caissier est indispensable pour un chef de maison, il doit en prendre un dont la moralité lui soit garantie par d'honorables certificats, et exiger de lui un cautionnement proportionné aux sommes dont on peut le rendre comptable.

Art. 4. Le chef ne laissera point sa signature à un caissier qui, tous les soirs, lui montrera l'état de sa caisse, en lui en remettant la clef.

Art. 5. Il faut exiger que cet employé ait toujours une tenue décente,

et soit très-poli à l'égard du public,
parce qu'il représente le chef de la
maison.

CHAPITRE IV.

LES COMMIS-VOYAGEURS.

Art. 1. Si la nature de votre commerce exige l'emploi de commis-voyageurs, n'accordez cette mission, toute de confiance, qu'à des jeunes gens dont les connaissances commerciales, la probité et le zèle vous seront de sûrs garans du succès.

Art. 2. Lorsqu'ils sont obligés d'emporter avec eux des marchandises, on peut leur demander un cautionnement pour la valeur des objets qu'on leur remet.

Art. 3. Presque toujours les commis-voyageurs n'ont que des échantillons ; et dans ce cas, comme dans celui qui précède, il faut, avant leur départ, leur faire promettre, sous peine de destitution, d'entretenir une correspondance régulière avec le chef de la maison.

Art. 4. Quand un commis-voyageur aura fait une tournée fructueuse, on doit récompenser son zèle et sa réussite par une prime plus forte que celle qu'on lui avait promise.

Art. 5. Si l'on s'aperçoit qu'un commis-voyageur travaille pour son propre compte et sacrifie les intérêts de la maison qui l'a commissionné aux siens propres, lui retirer sa commission dans le plus bref délai, est le parti le plus sage à prendre.

Art. 6. On doit recommander aux commis-voyageurs d'éviter dans leurs courses toute espèce de démonstration d'opinion politique, et de s'en tenir à l'exhibition de leurs échantillons de marchandises.

CHAPITRE V.

LES VOYAGES.

Art. **1.** Toutes les fois que les intérêts de son établissement exigent qu'un chef s'absente, il faut qu'il se fasse remplacer par l'employé qui lui paraîtra mériter le plus sa confiance; mais en l'investissant de sa puissance, il ne lui fera pas une confidence entière de tous ses secrets, de sa pensée intime.

Art. **2.** Le chef de maison laissera avant de partir des instructions écrites et bien détaillées pour tout ce que

le suppléant aura à faire. Il les ap-
puiera, les éclairera d'instructions
verbales, et ne refusera aucune expli-
cation, aucun commentaire au doute
et à l'incertitude de son vice gérant.

Art. 3. Lorsqu'il s'agira d'aller en
fabrique pour renouveler le fonds
du magasin, le chef se chargera de
cette opération, et, en faisant lui-
même le voyage, il aura les marchandises à bien meilleur marché que par
l'intermédiaire d'un commis.

Art. 4. Qu'il mette à profit ses
voyages pour visiter les établissemens
industriels qu'il rencontrera sur sa
route, afin de connaître les manufac-

tures, d'en apprécier le travail d'une manière plus certaine, et de juger celle qui pourra lui offrir le plus d'avantages, sous le double rapport du prix et de la main-d'œuvre.

Art. 5. Il peut également séjourner pendant quelque temps dans les principales villes, et s'y ménager des relations commerciales qui étendent son crédit.

Art. 6. Il est nécessaire aussi de partir quelquefois à l'improviste, sans en avoir prévenu son commis-voyageur, et de passer par les villes qu'il a parcourues. On juge alors sa conduite et ses négociations. Par ce moyen

de surveillance, on n'est point exposé
à être trompé par des rapports erro-
nés ou infidèles.

CHAPITRE VI.

LES SPÉCULATIONS.

Art. **1.** On ne doit pas prendre à la lettre l'*Audaces fortuna juvat*, hémistiche latin qui signifie que la fortune favorise l'audace : la prudence et une sage réflexion valent toujours beaucoup mieux que la témérité, quoi qu'en ait dit Horace.

Art. **2.** Tenez-vous-en à la spécialité commerciale qui constitue votre négoce, et n'allez pas vous aventurer

sur la mer des risques et de la nou-
veauté.

Art. 3. Ne donnez rien au hasard
en affaires de commerce, et que toutes vos spéculations aient pour base,
non la probabilité, mais la certitude.

Art. 4. Cinq et même trois pour
cent de bénéfice certain dans une affaire sont préférables à trente et à
quarante pour cent de gain hypothéqués sur le caprice de la fortune.

Art. 5. Ne spéculez jamais avec
l'argent des autres, quelque facilité
que vous puissiez trouver dans un
emprunt, parce qu'il faut rendre tôt

ou tard; et cela est toujours beaucoup plus difficile que d'emprunter.

Art. **6.** L'occasion propice pour une spéculation ne peut guère être saisie que par l'adresse et l'expérience, qui savent étudier et prévoir les besoins de localité. Encore, en de telles circonstances, y a-t-il des chances à courir, et un esprit sage ne s'y exposera pas.

CHAPITRE VII.

LA BOURSE.

Art. 1. La Bourse est le rendez-vous général des négocians; un chef de maison ne peut se dispenser de s'y montrer souvent, parce que c'est là seulement qu'on est à même de connaître la situation générale du commerce.

Art. 2. Il évitera la société et les entretiens des hommes mal famés, des intrigans dont ce lieu abonde, et il se gardera bien des poignées de main d'un banqueroutier.

Art. 3. Qu'on ne le voie pas trop long-temps se promener comme les oisifs habitués de l'endroit, et qu'il s'arrange pour ne pas y rester plus d'une demi-heure.

Art. 4. Sa tenue sera simple et modeste; sa voix n'aura pas l'éclat de la sottise impudente; sa gaîté n'aura pas le gros rire de l'opulence épaisse, et il laissera à quelques *tiers* et à certains *quarts* d'agens de change leur morgue stupide et leur fatuité si bête.

Art. 5. Il n'accueillera pas les petits commis marchands qu'il pourra rencontrer, avec la hauteur d'un maître qui parle à des valets; il sera, au contraire, aussi poli à leur égard qu'à celui des notabilités financières de la capitale.

ART. 6. S'il a fait une opération qui lui a valu de gros bénéfices, il n'ira pas jeter son bonheur à la tête de tous ses amis, de toutes ses connaissances; au contraire, le lieu où il se trouvera, cette Bourse, théâtre de tant de révolutions de fortune, lui inspirera de salutaires réflexions, en le garantissant d'une dangereuse exaltation, d'un funeste aveuglement.

CHAPITRE VIII.

LE CABRIOLET.

ART. **1.** IL ne faut prendre un cabriolet que lorsqu'on ne peut pas faire autrement : c'est un moyen usé de charlatanisme, et qui d'ailleurs coûte fort cher.

ART. **2.** Si vos jambes ne peuvent suffire à la variété et à la fatigue de vos affaires, achetez un cabriolet solide et un bon cheval; mais point de peintures brillantes, point de ridicules écussons, point de nègre surtout affublé d'une livrée aristocratique.

Art. 3. Un chef de mais on nedoit pas considérer un cabriolet comme une affaire de luxe, d'amour-propre, ou de plaisir.

Art. 4. Qu'il ne se montre jamais sur la route du bois de Boulogne : on le prendrait pour un dandy ou pour un fashionable ; et un négociant qui joue un aussi triste rôle, est un pauvre homme.

Art. 5. Il doit éviter surtout d'éclabousser les pauvres piétons, envers lesquels les Turcarets modernes ne se gênent guère. Si par hasard sa roue vient à renverser une personne, qu'il s'arrête, et lui prodigue tous les secours qu'exige son état. En déro-

geant ainsi à l'usage, il s'épargnera
un remords, et c'est déjà presque une
fortune dans le commerce que la
tranquillité de la conscience.

CHAPITRE IX.

LE MARIAGE.

Art. 1. Un mariage avec une femme sans dot est, pour un négociant qui fait beaucoup d'affaires, et qui, par conséquent, a besoin de fonds considérables, une faute que l'amour, l'amitié, les vertus et tout le protocole des excuses *ad hoc* ne sauraient justifier.

Art. 2. Qu'il cherche une compagne dans les familles de commerçans, et non dans la classe aristocratique :

la fille d'un marquis ou d'un baron méprise beaucoup le commerce; c'est un des premiers principes de son éducation.

Art. 3. Il accoutumera de bonne heure sa femme à rester chez elle, à s'occuper des détails de l'économie domestique, et non des affaires de la maison.

Art. 4. Le cachemire est quelquefois une des conditions rigoureuses auxquelles un mari ne peut se soustraire; mais il s'en tiendra à un seul, et ne lui donnera pas de suppléant.

Art. 5. Il conduira rarement sa femme au spectacle, attendu que c'est là que la coquetterie donne de fâcheux exemples. Ce ne sont pas les billets de première ou de seconde galerie qui ruinent un mari, c'est le souvenir des modes que la femme y a vues, c'est le chapeau qu'il faut changer, c'est la robe qu'il faut modifier; enfin, une soirée dramatique coûte pour le moins cinquante écus ou deux cents francs.

Art. 6. Qu'il n'admette chez lui qu'avec la plus grande réserve des dames, et de ces soi-disant amies et connaissances, dont les caquets et les commérages sont toujours inutiles, et souvent finissent par troubler le ménage le plus heureux et le plus tranquille.

Art, 7. S'il a le bonheur d'avoir une femme intelligente, et qui puisse le seconder dans ses travaux, qu'il développe ces dispositions naturelles par des instructions, des conseils et des encouragemens : il trouvera dans son épouse un excellent commis, qui le remplacera lui-même au besoin.

CHAPITRE X.

LES DÎNERS.

ART. 1. UNE table servie avec recherche suppose toujours la gourmandise et la sensualité; comme ces vices, tout aimables qu'ils sont, n'en sont pas moins des vices, ils font toujours supposer la dissipation et la prodigalité.

ART. 2. Un chef de maison, qui passe pour épicurien, est presque toujours regardé comme un homme négligent et paresseux, et par cela même inspire peu de confiance.

Art. 3. Qu'il donne donc l'exemple de la sobriété, qui n'est pas la parcimonie ni l'avarice ; que sa table offre une nourriture abondante, saine et du bon vin, mais non ce mélange de mets, de vins, de liqueurs qui annoncent le gastronome.

Art. 4. Il est toutefois quelques occasions où il est obligé de recevoir des amis, des parens, des fournisseurs, des confrères; alors qu'il s'exécute de bonne grâce, c'est-à-dire qu'il traite convenablement, mais sans apparat, sans donner à son repas l'air d'une fête ou d'une orgie.

Art. 5. Il peut accepter des invitations à dîner, mais avec beaucoup de réserve: d'abord, parce que le maître de la maison doit s'absenter le moins possible de chez lui; ensuite parce qu'un dîner accepté est un engagement tacite de le rendre.

CHAPITRE XI.

LA MAISON DE CAMPAGNE.

Art. **1.** Le plaisir de la campagne est un délassement salutaire, dont la fatigue et le travail des affaires quotidiennes font un besoin, surtout aux négocians, gens de Bourse, etc; mais il ne faut pas qu'il compromette les intérêts d'un établissement par un séjour trop prolongé, ou par une acquisition qui exige toujours des dépenses considérables d'entretien.

Art. **2.** Quand même vous auriez

fait fortune, et que votre caisse vous permît l'achat d'une petite maison de campagne; quand même vous pourriez l'avoir à bon marché, ne l'achetez pas, mais louez-la, si vous pouvez.

ART. 3. On trouve dans les environs de Paris des habitations très-agréables pour la belle saison, et qui sont toutes meublées. Cette location de six mois vous permet de changer de séjour, si le lieu ne vous plaît pas, et de varier vos jouissances.

ART. 4. Avant de vous aviser de louer une maison de campagne, surtout avant de l'acheter, ce qui est bien plus dangereux, consultez bien votre goût et réfléchissez mûrement;

car si c'est une affaire d'amour-propre ou de caprice, vous payerez cette
erreur ou cette faute par un long ennui, auquel celui de Paris est bien préférable.

ART. 5. Choisissez votre habitation
au moins à deux lieues de la capitale; autrement vous courriez risque
d'avoir chez vous tous les jours un
peuple de connaissances.

ART. 6. N'invitez qu'un petit nombre d'amis; car les amis ont à la campagne un appétit terrible, et on n'y
réunit pas aussi facilement et à aussi
bon marché qu'à Paris les élémens
d'un bon dîner.

CHAPITRE XII.

LA RETRAITE.

Art. 1. Il est deux cas principaux ou deux momens dans la carrière chanceuse du commerce pour la quitter : c'est lorsqu'on commence à faire de mauvaises affaires, et lorsqu'on en a fait de bonnes.

Art. 2. Voyez-vous votre clientelle diminuer insensiblement, le refroidissement du public succéder à sa faveur; vos registres annoncent-ils une baisse progressive dans les bénéfices;

calculez tout de suite vos moyens de prévenir l'entière décadence; recherchez-en les causes pour y remédier.

ART. 3. Si vous croyez pouvoir attendre le retour de la fortune, sans aventurer votre avenir; si le revers que vous essuyez est de nature à être supporté facilement, redoublez d'énergie et d'efforts pour regagner ce que vous avez perdu.

ART. 4. Quand un mûr examen, de sages conseils vous prouvent qu'il y a danger pour l'avenir, ne vous obstinez pas à lutter contre l'adversité : suspendez vos opérations; occupez-vous à faire rentrer toutes vos signatures, et contentez-vous de faire quelques petites affaires, avec les plus grandes précautions, en attendant l'instant favorable pour rouvrir votre établissement.

ART. 5. Si le vent de la prospérité souffle sur votre maison, bornez votre ambition, et ne vous laissez pas aveugler par les faveurs du sort; craignez l'inconstance de la fortune, qui peut, en quelques momens, vous retirer ses bienfaits; faites une liquidation générale, et reposez-vous à l'ombre d'une honnête aisance, après avoir fait la part de vos enfans, assuré à chacun d'eux un état honorable et indépendant.

ART. 6. Lorsqu'une fois vous vous

serez retiré des affaires, rompez avec toutes vos habitudes commerciales, faites-vous des occnpations qui en éloignent le souvenir, et mettez-vous bien en garde contre des regrets qui vous conseilleraient de vous lancer de nouveau dans une carrière périlleuse.

ART. 7. Si, après avoir dit adieu au monde commercial, vous vous surprenez un repentir de votre retraite prématurée, réfléchissez aussitôt au point dont vous êtes parti, et comparez-le avec celui où vous vous trouvez : alors vous vous jugerez très-heureux.

ART. 8. Voulez-vous avoir la juste

mesure de votre bonheur, et ce principe est applicable à presque toutes les positions, regardez toujours au-dessous et non au-dessus de vous.

Titre quatrième.

LES LETTRES, LES SCIENCES ET LES ARTS.

CHAPITRE PREMIER.

LE THÉATRE.

Art. 1. Les pièces de théâtre sont de tous les ouvrages littéraires ceux qui coûtent le moins, et qui ordinairement rapportent le plus.

Art. 2. Il n'est pas absolument nécessaire de connaître parfaitement son Lhomond, ni d'avoir de l'esprit pour être auteur dramatique.

Art. 3. Si vous voulez absolument courir cette carrière si épineuse, fréquentez assidument les cafés où se rendent ordinairement les auteurs; tâchez de vous lier avec ceux dont vous verrez le plus souvent les noms sur les affiches des théâtres, et proposez-leur des sujets, en leur promettant les deux tiers dans les droits de représentation.

Art. 4. Etudiez le talent des meilleurs acteurs et actrices du théâtre auquel vous destinez votre ouvrage, et composez-leur des rôles appropriés à leurs moyens, c'est-à-dire à leurs qualités, comme à leurs défauts ; imitez enfin M. Scribe, qui possède à un si haut degré l'art de tailler des rôles, ainsi qu'on taille des habits. Prenez mesure à vos ouvriers dramatiques.

Art. 5. Attendu que la littérature est un commerce, il faut, non penser à cette vaine fumée qu'on appelle la gloire, mais juger du mérite d'un ouvrage par l'argent qu'il rapporte.

Art. 6. Qu'il s'agisse d'une tragédie, d'une comédie, d'un opéra, ou d'un vaudeville, ne vous occupez pas du genre classique ni du genre romantique, mais du genre qui convient au public.

ART. **7.** Ne faites pas de mélodrames ni de mimodrames, à moins que vous ne puissiez faire autre chose ; car un bon mélodrame paye à peine à son auteur ses frais de bottes, de copies, de course, etc., etc., non compris le mémoire ou chapitre des tracasseries, dégoûts, ennuis et importunités qu'on essuie dans ce triste métier.

ART. **8.** Soyez poli avec les directeurs, régisseurs, souffleurs, acteurs, danseurs, et généralement avec tout ce qui forme le personnel des théâtres.

ART. **9.** Soyez à l'affût de la circonstance; c'est-à-dire, lisez exactement les journaux, les romans nouveaux, pour y trouver des sujets neufs.

Art. **10.** Tâchez de vivre en bonne intelligence avec vos confrères, et ménagez-vous des protections dans les journaux accrédités, afin qu'ils vous soutiennent contre les rigueurs du parterre ou les caprices injustes des directeurs.

CHAPITRE II.

LA PROSE.

Art. **1.** Les ouvrages en prose, de quelque nature qu'ils soient, sont toujours d'un débit plus facile que les ouvrages en vers, et s'adressent au plus grand nombre des consommateurs.

Art. **2.** Les livres utiles, tels que ceux qui servent à l'enseignement, qui contiennent les élémens des sciences, réussissent presque toujours; et leur succès, sans être aussi prompt

que celui de certains ouvrages frivoles,
est beaucoup plus durable.

Art. 5. Ne soyez jamais l'éditeur
de vos propres œuvres ; et dussiez-
vous en avoir un prix bien au-dessous
de vos espérances, préférez toujours
l'entremise du libraire aux chances
d'une position très-hasardeuse.

Art. 4. Si vous avez du goût et de
la facilité pour la composition des
romans, attachez-vous à un genre, à
celui où vous croirez pouvoir réussir.
Soignez le premier roman que vous
destinerez à l'impression, mais ne
vous attendez pas à en tirer de gros
bénéfices ; c'est un sacrifice qu'il faut
faire au noviciat : mais si le roman

réussit, il commence votre réputation, et en restant fidèle au genre que vous aurez choisi, vous placerez très-avantageusement vos ouvrages.

Art. 5. Comme il n'est pas donné à tout le monde d'avoir des idées, compilez les vieux livres et même les nouveaux ; armez-vous de ciseaux, coupez, rognez. Si votre compilation n'est pas par trop indigeste, et pour peu qu'elle instruise ou amuse, le public l'accueillera favorablement.

Art. 6. Ne vous avisez pas de vouloir écrire l'histoire à la manière des écrivains dits classiques : d'abord, parce que cela vous coûterait beaucoup de peine ; ensuite parce que vous

pourriez échouer complétement dans
votre projet; mais allez dans les biblio-
thèques, demandez les manuscrits, les
mémoires et chroniques sur les temps
que vous voudrez retracer; copiez,
retranchez, arrangez, mais sans vous
permettre une réflexion ; et quand
vous aurez distribué votre travail dans
un certain nombre de chapitres , por-
tez-le à un libraire qui vous procurera,
moyennant une vingtaine d'annonces
à 1 fr. 5o c. la ligne dans les journaux, une fort honnête réputation
d'historien romantique.

Art. **7**. Ne faites jamais de bro-
chures politiques, de pamphlets, car
ces écrits ne se vendent plus, et les
procureurs du Roi sont fort suscep-

tibles : c'est donc la plus pauvre spéculation qu'on puisse faire.

ART. 8. Quel que soit l'ouvrage que vous vous proposiez de mettre au jour, réfléchissez mûrement sur son titre ; appelez à votre aide les conseils d'amis éclairés ; discutez ce titre, et ne vous arrêtez qu'à celui qui remplira les conditions exigées.

CHAPITRE III.

LA POÉSIE.

Art. **1**. Il faut, pour se livrer au rude métier de versificateur dans ce siècle tout prosaïque, avoir un courage, une constance et une résignation à toute épreuve.

Art. **2**. La poésie dramatique, c'est-à-dire celle que l'on consacre à la comédie et à la tragédie, peut rapporter beaucoup d'argent, et payer avec usure les veilles du poète; mais le talent a besoin des ressources de l'intrigue : et d'ailleurs, le drame historique, la comédie romantique, ont tellement gâté le goût du public, qu'il ne tient guère compte à un auteur des efforts qu'il a faits pour rappeler le style de Molière et de Racine.

Art. 3. L'ode est la gasconnade de la poésie ; il n'est plus permis d'en faire, à moins que ce ne soit pour un mariage, pour un baptême, ou pour une mort illustre, quand toutefois on peut espérer la gratification ministérielle : mais le bon temps est passé.

Art. 4: Ne composez de chansons, d'élégies, de madrigaux que pour les

menus plaisirs de vos parens, amis et
connaissances.

Art. 5. Une satire vigoureuse et
énergique, à la façon de Despaze ou
de Chénier, peut avoir un prompt débit; mais il est à craindre que la somme
des coups de bâton ne soit égale à
celle des écus. Le genre satirique exige
non-seulement beaucoup de talent,
mais encore une grande force sur l'article de l'épée et du pistolet, à moins
qu'on n'ait des épaules très-résignées
aux réactions et aux vengeances.

Art. 6. Ne faites jamais part au public de votre amoureux martyre, de
vos conquêtes, de vos exploits de
tendresse ou de tempérament; la poé-

sie érotique est tombée dans un dis-
crédit total, et les amateurs s'en tiennent aux œuvres de Parny et de
Bertin.

ART. 7. Si vous abordez la poésie
politique, ne vous avisez pas de regrets et de complaintes en faveur de
l'ancien régime; mais, sans insulter aux
vieilles gloires de la monarchie, attachez-vous à l'histoire moderne, et
que l'enthousiasme de la liberté ani-
me vos compositions. Hors de là,
point de salut pour un poète.

—

CHAPITRE IV.

LE JOURNALISME.

Art. **1.** Il vaut toujours mieux être rédacteur que fondateur d'un journal, et y apporter le tribut de sa plume que le tribut de sa bourse.

Art. **2.** La profession de journaliste est très-honorable, mais elle est rarement lucrative; et, à moins d'être propriétaire ou actionnaire d'un grand journal qui compte beaucoup d'abonnés, elle ne paye pas suffisamment les travaux et l'activité qu'elle exige.

ART. 3. Si vous êtes ambitieux, et que vous prétendiez aux faveurs du pouvoir, tâchez de pénétrer dans le bureau de rédaction d'un journal ministériel; vantez les actes et les paroles des Excellences; fixez sur vous leurs regards bienveillans par l'adroite mesure de vos éloges. que vos phrases laudatives ne sentent pas le panégyrique de commande; et, à l'époque des distributions générales, vous pourrez voir tomber sur votre habit une croix, et dans votre poche un brevet de pension.

ART. 4. La politique répugne-t-elle

à vos goûts pacifiques, attachez-vous à un journal littéraire : ce travail agréable et facile vous ouvrira la porte des coulisses, vous mettra en rapport avec les directeurs ; et si vous avez envie de faire jouer quelques pièces, vous trouverez de grandes facilités auprès des puissances théâtrales.

Art. 5. La rédaction des journaux est surtout utile aux jeunes gens qui ont besoin d'appui et de moyens d'exercice ; mais qu'ils se gardent bien de perdre leurs meilleures années dans la composition d'articles éphémères, qui, le lendemain de leur publication, vont tout droit chez l'épicier ou ailleurs.

CHAPITRE V.

LA LIBRAIRIE.

Art. 1. Un libraire ne doit pas estimer un ouvrage d'après son mérite littéraire, mais d'après le nombre d'éditions qu'il a eues ou qu'il doit avoir.

Art. 2. Avant d'acheter un manuscrit d'un auteur, il doit lui demander son nom, s'il ne veut pas se charger de faire sa réputation; ce qui est toujours assez difficile.

Art. 3. Il fermera sa porte aux ven-

13..

deurs de petits ou grands vers sous le titre *d'études*, *de nouvelles médita-tions*, *de mélodies*, *d'harmonies poé-tiques*, etc., s'il tient à l'estime et à la faveur du public, et s'il veut voir chez lui des acheteurs.

Art. 4. Il lira ou fera lire par un juge éclairé les ouvrages qu'on lui pro-posera, et ne s'en rapportera nulle-ment à l'opinion de l'auteur.

Art. 5. Il s'abstiendra de la publi-cation de romans médiocres, recueils de chansons, sermons politiques ou religieux, homélies aristocratiques, et autres œuvres qui dorment ordinai-rement au fond du magasin.

Art. 6. Si la vogue s'attache à son

établissement, il ne tranchera pas du
grand seigneur ni de l'agent de change,
n'ira pas s'installer dans un fameux
hôtel, ne fera ses courses qu'en cabriolet de place; enfin il restera modeste et poli.

ART. **7.** Il traitera tous les auteurs
indistinctement avec beaucoup d'é-
gards, sans acception d'habit, de talent et de position.

ART. **8.** Qu'il tâche d'avoir les
grandes entrées dans les bureaux des
meilleurs journaux de la capitale, afin
de pouvoir faire annoncer avantageu-
sement ses différentes publications.

ART. **9.** Les ouvrages de circonstance, les livres d'utilité publique sont ceux qui promettent le plus de béné-fices : mais un libraire sage n'encom-brera pas ses magasins, et mettra beau-coup de mesure dans ses opérations.

ART. **10.** Un libraire doit, autant que possible, adopter une specia-lité en fait de publications, à moins qu'il ne s'en tienne à la librairie d'as-sortiment, qui est l'espèce la moins chanceuse, et à laquelle s'appliquent les dispositions générales contenues au titre du *petit Commerce.*

CHAPITRE VI.

LES ARTS DU DESSIN.

Art. 1. La première condition imposée à un artiste qui se destine à l'état de peintre, de graveur, est de savoir dessiner; ce dont beaucoup de peintres et de graveurs ne se doutent guères.

Art. 2. Vous sentez-vous une vocation décidée pour la peinture, consultez-vous, consultez vos amis, sur le genre que la nature de votre talent vous appelle à traiter.

Art. 3. Si vous êtes paysagiste, animez vos compositions par des figures, par une scène historique; car de l'eau, des arbres et des montagnes peuvent dire beaucoup, mais néanmoins ne disent pas assez.

Art. 4. Avez-vous embrassé le genre plus difficile de l'histoire, qui consiste à retracer de grandes pages, ne vous contentez pas du travail d'une esquisse ou d'une ébauche, comme les partisans de la nouvelle école, et ne réduisez pas la variété de vos couleurs au blanc et au rouge, au bleu et au noir, ainsi que font ces messieurs qui font marcher si vite la peinture française vers sa décadence.

Art. 5. Moquez-vous des injures

qu'on peut vous adresser, telles que *classique*, *rococo*, *perruque*, et autres gentillesses de ce genre ; mais travaillez, finissez vos ouvrages, soyez fidèle aux lois de la perspective et à celles de la vérité ; ne prenez pas le grotesque et le bizarre pour du sublime, et craignez le sort fatal de ces réputations éphémères qui n'ont pu résister à l'épreuve de deux expositions.

Art. **6**. Faites le moins possible de tableaux d'église, de portraits, à moins qu'ils ne vous soient bien payés par les ministères et par les amateurs qui demanderont l'immortalité à votre pinceau.

Art. **7**. Attachez-vous plutôt à faire

de bons que de nombreux tableaux ; en prodiguant vos toiles, vous courrez risque de voir incessamment votre talent au rabais, à l'hôtel Bullion , et votre nom décrédité par les enchères fréquentes de MM. Bonnefond-Lavialle et compagnie.

ART. **8.** Evitez la société des maquignons de peinture, des soi-disant experts, des marchands de croûtes, et interdisez-leur l'entrée de votre atelier.

ART. **9.** Si vous réussissez dans la miniature, ne vous affichez pas au coin des rues, et surtout gardez-vous bien de l'annonce au prix fixe.

ART. **10.** La lithographie vous offre

aussi des ressources honorables : ne mettez pas cependant votre nom au-dessous d'un mauvais dessin ou d'une ignoble caricature, à moins que vous ne vous consacriez à ce genre, et que vous n'y cherchiez une réputation qui peut vous procurer des écus, mais peu de gloire véritable.

ART. 11. Les leçons de dessin, de peinture, sont aussi avantageuses, parce qu'elles sont d'un produit fixe; encore faut-il s'arranger pour qu'elles n'absorbent pas tout votre temps et ne vous fassent pas négliger les travaux qui honorent.

ART. 12. La gravure et la sculpture sont sœurs de la peinture; et les principes qui s'adressent au peintre, sont également applicables aux graveurs et aux sculpteurs; c'est-à-dire, qu'ils doivent également conserver leur indépendance et ne point prostituer leurs talens à des travaux indignes de leur art, ni compromettre le titre d'artiste.

ART. 13. Les graveurs qui débutent dans la carrière doivent tâcher de se faire connaître, soit en se mettant en rapport avec les bons peintres pour reproduire leurs tableaux, soit avec les éditeurs de livres de luxe. Une vignette, un portrait bien exécutés sont d'excellentes recommandations auprès du public.

ART. 14. Le nombre des sculpteurs,

beaucoup plus limité que celui des artistes ci-dessus mentionnés, atteste que la sculpture est un art ingrat. Quand un sculpteur ne peut, par son talent ou par ses protections, parvenir à obtenir des travaux du Gouvernement, il doit s'adresser aux fabricans de bronze, aux horlogers, à tous les marchands dont le commerce se compose d'ornemens de luxe, de fantaisie. S'il imagine des modèles qui allient le goût et l'élégance à l'originalité, il ne manquera pas d'occupation, et ses modèles lui rapporteront beaucoup plus que les commandes des ministères, d'ailleurs peu généreux.

—

14.

CHAPITRE VII.

LA MUSIQUE.

Art. **1.** La musique est un art cultivé en France par trop d'amateurs, pour qu'il fasse vivre honorablement tous ceux qui sont musiciens par état et par nécessité.

Art. **2.** Un grand opéra ou un opéra comique qui réussit, suffit pour la gloire et la fortune d'un musicien ; et c'est vers ce résultat que doivent tendre tous ses efforts. Mais comme il y a beaucoup d'appelés et peu d'élus, il doit tâcher de se lier avec un poète, un auteur en vogue, de se faire appuyer par d'influens Mécènes auprès des gentilshommes de la chambre, du chargé des beaux-arts, des directeurs, et autres notabilités.

Art. 3. Un musicien instrumentiste est à un compositeur de musique ce qu'est un maître d'écriture ou un copiste à un écrivain, ou à un poète.

Art. 4. Le talent d'un instrumentiste est purement machinal: c'est ou l'adroite combinaison de l'haleine et des mains pour les instrumens à vent; c'est l'agilité des doigts pour les autres: ainsi cette profession a un grand avantage, c'est qu'un sot peut être un excellent violon, une flûte incomparable et un basson sublime : à la rigueur, il peut se dispenser de savoir lire.

Art. 5. Quand on a acquis une certaine force sur un instrument; après avoir, pendant huit ou dix ans, soufflé dans une flûte ou dans un cor, ou promené un archet sur des cordes, il faut concourir pour obtenir une place dans un théâtre royal, soit à l'Opéra, soit à Feydeau : si l'on n'y entre pas, on se rejette sur les théâtres secondaires.

Art. 6. Une place dans un orchestre de théâtre est un titre pour avoir de nombreux écoliers et courir le cachet avec plus d'avantage.

Art. **7.** Il y a certains instrumentistes qui spéculent sur leur réputation, et se livrent à un trafic très-coupable : il consiste à vendre des instrumens dont ils prétendent s'être servis avec succès pendant long-temps ; c'est toujours le violon, la flûte, le basson *favoris* de ces messieurs ; et les amateurs ineptes achètent ainsi très-cher de mauvais instrumens qu'ils auraient eu à fort bon compte chez tous les fabricans. Un musicien qui ne recule pas devant la bassesse d'une telle industrie, n'est plus un artiste, c'est un filou.

Art. **8.** Attendu qu'on reproche

généralement aux musiciens d'être trop amis du jus de la treille, celui qui voudra faire son chemin, soit en s'attachant à l'orchestre d'un théâtre, soit en donnant des leçons, évitera avec soin ces déjeûners, ces dîners de corps, si fréquens parmi les individus de cette profession; il tâchera de se montrer rarement au café; enfin il se conduira toujours avec mesure, décence, afin d'inspirer de la confiance aux pères de famille et aux chefs d'institution qui le chargeront d'enseigner son art à leurs enfans ou à leurs élèves.

CHAPITRE VIII.

LA COMÉDIE, LE CHANT ET LA DANSE.

ART. 1. Quand on veut jouer la comédie, il faut d'abord consulter ses poumons ; car l'essentiel pour un chanteur et pour un acteur est de se faire entendre.

ART. 2. Les leçons du Conservatoire ne sont pas nécessaires, et les théâtres des départemens sont la meilleure école où l'artiste puisse se former de manière à pouvoir briller un jour sur un des théâtres de la capitale.

Art. 3. Celui qui a tout à la fois une belle voix pour chanter et du talent pour jouer avec succès la comédie ou la tragédie, ne doit pas balancer entre les deux genres, s'il veut gagner beaucoup d'argent : il chantera, passera un an ou deux ans en Italie, puis reviendra à Paris, en ayant soin de terminer son nom en *ni* ou en *li*. Au moyen de cette légère modification et de quelques éloges complaisans dans les journaux, il pourra obtenir un engagement de vingt ou trente mille francs aux Bouffes ou à l'Académie royale de musique.

Art. 4. La tragédie et la haute comédie présentent aujourd'hui de médiocres ressources à un acteur, à moins qu'il n'ait un talent extraordinaire; et celui qui cherche à s'assurer une honnête aisance pour ses vieux jours, adoptera le vaudeville, qui est joué partout; tandis que la tragédie et la comédie sont presque abandonnées du public. Un acteur plus que médiocre, lorsqu'il peut jouer le vaudeville, trouve toujours un engagement.

Art. 5. Le but de tout comédien, quels que soient ses moyens, doit être de jouer sur un théâtre de la capitale, parce qu'il sera toujours sûr d'être payé, et n'aura pas à redouter les banqueroutes si fréquentes dans les entreprises dramatiques des départemens.

Art. **6.** La profession de danseur et de danseuse est exposée à beaucoup d'accidens, tels que les entorses, les foulures, les jambes cassées, etc.; les sujets qui s'enrichissent uniquement par la pirouette et les entrechats, sont peu nombreux. Mais lorsqu'on ne peut prétendre à un engagement lucratif, ou quand l'âge avertit de quitter le théâtre, il reste une ressource excellente : ce sont les leçons de danse.

Art. **7.** Un danseur peut ouvrir une classe; et comme il y a partout des amateurs de cet art, comme partout l'on danse, il aura beaucoup d'écoliers, surtout s'il sait unir la politesse, la douceur et l'honnêteté des

manières à l'habileté dans l'enseignement.

Art. 8. Les leçons en ville sont
aussi très-avantageuses; mais elles
exigent beaucoup d'exactitude et d'activité.

CHAPITRE IX.

LES SCIENCES.

ART. **1.** LA science proprement dite sans application immédiate à une spécialité, à une branche d'industrie, est un terrain ingrat qui ne rend rien à la culture.

ART. **2.** Parmi les professions dépendantes de la science, celles qui ont pour but d'être utiles à l'homme, sont les plus lucratives : aussi la médecine, la chirurgie, la chimie, la pharmacie, l'agronomie, la mécanique, etc., sont-elles des moyens de prospérité pour les individus qui se font remarquer par leur habileté et leurs ouvrages.

ART. 5. Le médecin et le chirurgien qui veulent réussir, doivent, indépendamment des longues études que nécessitent ces professions, diriger leurs efforts et leurs travaux vers un sujet qu'ils jugent pouvoir approfondir, vers une partie qui plaira le plus à leur méditation. C'est ainsi que tel docteur s'attachera aux accouchemens, tel aux maladies des enfans. Il en est de même pour le chirurgien qui n'a aussi qu'à choisir dans la grande famille des infirmités humaines.

ART. 4. Dans la médecine et dans

la chirurgie, comme dans beaucoup d'autres professions, le talent et la science sont d'insuffisantes recommandations. Ce n'est qu'en allant assidument dans le monde, en fréquentant les salons, qu'on parvient à se faire connaître, à commencer, à grossir sa clientelle.

ART. 5. Les médecins, chirurgiens, officiers de santé et autres qui exercent l'art de guérir, ne sauraient trop se convaincre de la nécessité de savoir, sinon le latin, du moins le français. Les fautes d'orthographe dans les ordonnances peuvent tuer un savant, et ne sont pas absolument nécessaires pour guérir ou sauver un malade.

Art. **6.** Le cabriolet avec un laquais noir ou blanc est un moyen de charlatanisme qui réussit quelquefois ; mais avant de l'employer il faut être en mesure de payer le carrossier, et de nourrir son cheval ; ce que maint charlatan en tilbury ne fait guère qu'aux dépens de son estomac.

Art. **7.** Les rubans rouges à la boutonnière et les titres d'académicien honoraire, associé ou correspondant, sur les cartes de visite, ne prouvent plus rien ; on a tant prodigué les croix, il y a tant d'académies, que le médecin qui peut éviter les unes et les autres, se distingue maintenant en échappant aux distinctions.

CHAPITRE X.

L'ENSEIGNEMENT.

Art. **1.** Le professeur, à domicile, de langues mortes ou vivantes, celui qui va colporter de maison en maison la règle des participes français, la syntaxe anglaise, ne peut guère espérer, à moins d'un miracle, d'arriver à la fortune; c'est le plus triste état qu'un honnête homme puisse embrasser.

Art. **2.** L'enseignement des mathématiques, les cours ouverts aux jeunes gens qui se destinent à l'École polytechnique, au haut commerce, peuvent être productifs; il en est de même des écoles de musique où, par des méthodes ingénieuses, on abrége, on facilite l'étude d'un art agréable.

ART. 3. Le jeune homme qui aura fait de bonnes études, et qui se sentira du goût pour l'instruction publique, sollicitera une place dans un des nombreux colléges de Paris et des départemens : un traitement modique peut-être, mais fixe, et l'espoir d'une pension valent beaucoup mieux que le produit précaire des leçons particulières qui entraînent avec elles mille inconvéniens, et quelquefois des humiliations.

Art. **4.** L'état de maître de pension, de chef d'institution, dits vulgairement *marchands de soupe*, est celui qui offre le plus de chances pour faire fortune ; mais il réclame de celui qui l'exerce beaucoup d'habileté administrative et plus de science économique que de véritable savoir.

Art. **5.** A Paris, un pensionnat où l'on compte cent écoliers, rapporte autant qu'une étude de notaire de première classe : le maître qui, en dix ans d'exercice, n'a pas vingt-cinq mille francs de rente est un sot ou un dissipateur.

Art. **6.** Un jeune homme, qui a quelques fonds, n'a qu'à louer près d'un

collége royal une maison convena-
ble avec un jardin, jeter ses prospectus sous les portes cochères, les faire
distribuer dans la cour des message-
ries royales, et au bout de six mois,
il aura au moins trente élèves.

ART. **7**. A l'époque de la distribution des prix de l'Université et du collége, il aura soin de faire annoncer
dans deux ou trois journaux les deux
prix et les trois accessit que ses élèves
auront obtenus ; à la rentrée des
classes, il verra accourir chez lui les
papas, les mamans, avec leurs mar-
mots, dont ils le conjureront de faire
des hommes de génie, moyennant
douze cents francs par an, sans compter le chapitre si productif des car-

reaux cassés. Avant le quinze octobre, il peut dire avec raison que sa fortune est faite.

APPLICATIONS.

Bienfaits du Commerce.

La nature semble avoir mis un soin extrême à disséminer ses bienfaits parmi les différens peuples de l'univers, dans la vue d'établir des relations de bienveillance et de commerce entre les hommes; en sorte que les hommes des diverses parties du globe vivent dans une espèce de dépendance les uns des autres, et sont réunis par l'intérêt commun. Presque chaque degré de température jouit de ses productions particulières. Souvent un mets vient dans un pays, et l'assaisonnement dans un autre. Les fruits du Portugal sont corrigés par la liqueur des Barbades et les infusions d'une plante chinoise adoucies par les sucs d'une canne indienne. Les îles Philippines donnent leur parfum à nos breuvages européens. La parure seule d'une femme est souvent le tribut de vingt climats. Le manchon et l'éventail viennent s'unir des bouts opposés de la terre. L'écharpe est envoyée de la zone torride, et la palatine des glaces du pôle; la jupe de brocart sort des mines du Pérou, et le collier de diamans des entrailles de l'Inde.

C'est le commerce qui a embelli pour nous la face de la nature. Nos vaisseaux sont chargés des moissons de tous les climats. Nos tables sont couvertes d'aromates, d'huiles et de vins. Nos salons sont remplis de pyramides de porcelaine de la Chine et décorés des ouvrages du Japon. Nous fortifions notre santé avec les plantes de l'Amérique, et nous nous reposons sous des pavillons indiens. La nature pourvoit, il est vrai, à nos premiers besoins; mais le commerce nous apporte une grande variété d'objets utiles, et nous fournit à la fois tout ce qui contribue à l'aisance et à l'ornement de la vie. Par ces raisons, l'État ne compte pas de membres plus utiles que les marchands. Ils attachent les hommes ensemble par un mutuel échange de bons offices; ils distribuent les dons de la nature, trouvent de l'ouvrage pour les pauvres, ajoutent à l'opulence des riches et à la magnificence des grands. Nos marchands convertissent en or le plomb de leur patrie, et ils échangent ses produits pour d'incalculables trésors. Sans agrandir notre territoire, le commerce nous a créé, en quelque sorte, un nouvel empire. Il a multiplié le nombre des riches, a rendu nos terres beaucoup plus fécondes qu'elles n'étaient autrefois, et nous a ouvert une source de richesses aussi précieuses que les terres elles-mêmes.

Petite Question d'état.

Pourquoi trois grandes professions, la théologie, le droit et la médecine, sont-elles surchargées de praticiens, et assiégées par une si grande foule de compétiteurs qui se font mourir de faim réciproquement ?

Pourquoi cette population de jeunes étudians, disciples de Cujas et d'Esculape, qui, envoyés aux écoles pour apprendre la jurisprudence ou l'art de guérir, s'agitent sur les bancs, griffonnent du papier timbré dans les études de procureurs et de notaires,

16..

sans savoir positivement si, après un aussi ennuyeux noviciat, ils peuvent vivre honnêtement de leur science?

A quoi bon cette armée d'auxiliaires de la médecine, qui, faute d'autres malades, s'amusent à étouffer des chats dans la machine pneumatique, à disséquer des chiens vivans, ou à empaler des insectes sur la pointe d'une aiguille, pour se livrer à des observations microscopiques, outre ceux qui s'occupent à recueillir des herbages et à prendre des papillons, sans parler des amateurs de coquillages et des enthousiastes de coléoptères?

Quand on songe combien ces diverses facultés fourmillent de concurrens qui y cherchent leur existence,

et combien dans chacune d'elles il y
a de gens de mérite qui peuvent se
dire de la science plutôt que de la
profession, on ne saurait trop admi-
rer la manie des parens, qui, au lieu
d'élever leurs fils pour des états où une
honnête industrie ne peut manquer
de réussir, préfèrent les voir suivre
une carrière où la plus grande probité, unie au savoir et au bon sens,
échoue quelquefois. Combien d'hommes végètent dans une petite ville de
province, qui auraient pu devenir de
riches négocians, d'opulens banquiers,
par le sage emploi d'une moindre
somme que celle qu'on dépense ordinairement pour une éducation sa-
vante! Une personne économe et fru-
gale, d'une capacité médiocre, et d'un

esprit lent, aurait pu s'enrichir dans le commerce, quand elle meurt dans la médecine; car on ne demanderait pas mieux que d'acheter des étoffes chez tel à qui on ne voudrait pas confier son pouls. Chrysostôme est exact, studieux, instruit, obligeant; il n'a pas un seul client, mais il pourrait avoir une foule de chalands. Le malheur est que les parens ont du goût pour une profession particulière; tandis que, dans un choix si important pour la vie, ils devraient consulter l'aptitude et les dispositions de leurs enfans plutôt que leur propre inclination.

La Vocation.

On entend dire tous les jours : « Cet
» homme a une vocation pour telle
» ou telle profession ; j'ai une voca-
» tion décidée pour cet art... On m'a
» détourné de ma vocation. » Mais la
plupart des gens qui parlent ainsi ne
se sont pas avisés une seule fois de
réfléchir mûrement sur la nature de
leur instinct, de leurs dispositions
particulières : rien n'est aussi difficile
que de savoir choisir l'état auquel
on est le plus propre, de savoir s'em-
parer du rôle qu'on est appelé à rem-

plir sur le grand théâtre de la vie.
Les illusions de la jeunesse, notre
ambition ne nous laissent point libres
du choix ; et d'ailleurs l'orgueil qui
nous dévore incessamment, et qui
fait que nous nous estimons toujours
au-dessus de ce que nous valons, aide
à nous tromper ; et, sans compter les
causes inhérentes à notre être, les
convenances de la société, la position
dans laquelle nous nous trouvons, et
surtout les événemens, sont les maîtres
de notre destinée, et les arbitres de
notre vocation.

Ainsi l'un se destinait au barreau ;
la conscription l'a atteint, il faut partir : il devient mauvais militaire, il
eût été bon avocat. L'autre, fils d'un
pâtissier, desire suivre l'état de son

père; son amour propre en est offensé; il rêve qu'il est auteur, et *qu'il a reçu du ciel l'influence secrète* : il fait des pièces détestables, il eût peut-être fait d'excellentes brioches. Celui-ci est agriculteur, il est estimé; le voilà qui entre dans les finances, et il est exécré. Celui-là fait partie de la trop fameuse congrégation, il est hué: il eût été comédien plein de verve, il eût été pendant long-temps applaudi : il ne s'agissait pour lui que de bien choisir la scène.

C'est donc une chose bien importante que le choix de son état : suivez votre vocation, elle vous trompera rarement; ne vous laissez pas influencer.

Soyez plutôt maçon, si c'est votre talent.

Ne violentez pas votre opinion sur vos goûts, votre capacité ; il est à présumer que vous réussirez. Il est un autre travers qu'il faut encore savoir éviter, c'est celui de s'occuper de toute autre chose que de ce qu'on est appelé à faire. Combien ne voit-on pas de gens qui s'égarent et se perdent dans les routes de traverse, tandis qu'ils n'ont qu'à marcher droit pour arriver !

Un philosophe de l'antiquité a dit quelque part : « La vie se passe à mal » faire, à ne rien faire, ou à faire au- » tre chose que ce qu'on devrait faire. »

Cette esquisse de la vie était vraie il y a plusieurs siècles ; elle est encore ressemblante de nos jours. Et, en effet, l'homme qui s'est chargé de dé-

fendre les intérêts de son pays, et qui
ne remplit pas cette tâche honorable,
et peu difficile, en raison de la grande
majorité disposée à l'approuver et à
la soutenir, passe sa vie à mal faire.
Le guerrier qui commença la plus brillante des carrières par des faits d'ar-
mes utiles à son pays, mais qui maintenant prostitue son épée à la défense
d'ignobles intérêts; qui consent à s'en
servir contre ses propres citoyens,
passe aussi sa vie à mal faire. Ceux
qui spéculent sur les malheurs de
leurs semblables pour leur vendre
cher leurs services; ceux qui voient
froidement les souffrances des infor-
tunés, dont ils pourraient adoucir les
peines, ne passent-ils pas aussi leur
vie à mal faire?

Les hommes, comme il y en a tant à Paris, qui se lèvent tard, et qui, après avoir bien déjeûné, se rendent à onze heures dans un bureau, où ils devraient être à neuf, et là taillent leur plume aujourd'hui pour écrire demain, sortent à quatre heures sans être fatigués de travail, dînent tranquillement, et commencent au spectacle une nuit qu'ils vont finir ailleurs que chez eux ; ces hommes-là passent leur vie à ne rien faire. Des jeunes gens qui ne s'occupent que de leurs plaisirs, qui usent leur existence dans la débauche, qui font du jour la nuit et de la nuit le jour ; des militaires qui ne servent qu'à la parade ; des mandataires du peuple qui négligent leurs devoirs, passent également leur vie à ne rien faire.

Les hommes qui soutiennent les forts et qui oppriment les faibles; ceux qui devraient donner l'exemple de toutes les vertus, et qui ne donnent que celui de l'hypocrisie la plus basse; ceux qui devraient faire entendre le langage de la vérité aux grands qu'ils approchent, et qui les trompent en employant celui du mensonge et de la flatterie la plus basse; de prétendus hommes d'état qui, au lieu de faire de bonnes lois, ne font que de pitoyables vers : tous ces gens-là ne passent-ils pas leur vie à faire autre chose que ce qu'ils devraient faire?

—

Les Epaulettes et la Bourse.

On court, on se précipite à la Bourse; deux heures ont sonné. Quel mouvement! quel tumulte! Les landaws, les tilburys déposent à la porte du temple les sacrificateurs et les victimes, qui entrent pêle-mêle, et qu'on ne saurait distinguer. Le timide spectateur, l'humble apprenti de la prime arrivent à pied. Mais une fois qu'on est entré dans l'enceinte fatale, un spectacle singulier s'offre aux regards: c'est là qu'un peintre habile pourrait saisir une variété extraordinaire de

nuances bizarres parmi ces physiono-
mies mobiles, sur lesquelles se réflé-
chissent toutes les incertitudes de la
Bourse : la crainte, l'espoir, l'impatience, le désespoir, la joie, le désap-
pointement produisent des effets et
des révolutions tout-à-fait dramatiques. Là un gros homme de l'espèce
des Turcarets vous reporte involon-
tairement au bon temps de Law ; ici
un jeune homme élégant, habitué de
Tortoni, badine avec la baisse et la
hausse, fait un calembour sur une
faillite, et décoche un trait épigram-
matique contre le pauvre rentier qu'il
vient de ruiner. Plus loin un marquis
de l'ancien régime, chevalier de toutes les idées gothiques, et qui se pro-
clame le défenseur de la morale et

de la foi, spécule sur la baisse, et
sème de faux bruits, qui peuvent incessamment lui procurer un gros bénéfice. M. le marquis distribue des
poignées de main à tous ceux qu'il
rencontre, et ne croit pas déroger
par ces familiarités avec le commerce.
Mais suivez-le hors de la Bourse, à
peine s'il daignera vous reconnaître :
il marche la tête haute, et, arrivé
dans le faubourg Saint-Germain, il
est redevenu tout-à-fait marquis ; il a
repris toute la morgue, tous les ridicules aristocratiques.

Mais, parmi les originaux qui peuplent la Bourse, il faut signaler cet
ancien officier-général, qui porte un
nom illustre dans les fastes de notre
gloire militaire. Forcé de renoncer aux

exercices de Mars, il a cru retrouver le champ d'honneur à la Bourse. Il se délasse de ses glorieuses fatigues, il se console de ne pouvoir plus porter l'épée, en spéculant sur les fonds publics; il a fini par oublier entièrement son ancienne profession, et jusqu'à son noble langage; il s'est fait homme de Bourse, et ne parle plus que de marchés à terme, de transferts, de primes fin-courant, de reports. Autrefois il commandait à quelques milliers de soldats, qu'il faisait manœuvrer dans tous les sens : aujourd'hui il est à la tête de quinze cent mille francs, qu'il fait manœuvrer aussi avec la plus grande habileté. Le noyau de cette armée n'était d'abord que de dix mille francs, mais il a été si adroit tacticien, qu'ils se sont multipliés et se sont élevés à la somme énorme qui compose sa brillante fortune. A peine s'il se souvient maintenant de ce qu'il a été il y a quinze ans, et, quand les mots de Wagram, de la Moscowa, de Lutzen, de Champ-Aubert, viennent par hasard frapper son oreille, il reste froid, indifférent. Mais qu'on parle d'un emprunt à ouvrir, d'un place- ment avantageux de fonds, il tres- saille, il sourit, il tire amoureusement son portefeuille, et il est tout prêt à commencer une nouvelle campagne financière.

Si les dangers de la patrie récla- maient encore son bras, entendrait-il cet appel? Nous le croyons; car, sans doute, il regarde quelquefois la boutonnière où brille le souvenir de ce qu'il fut jadis, le gage heureux de ce que sa valeur promit à la France. Sans doute aussi, il n'a pas converti en or monnayé les épaulettes qu'il reçut sur le champ de bataille de Marengo ; mais, quand on le rencontre, comment ne pas s'écrier : *Quantum mutatus ab illo !*

L'Actionnaire d'un Théâtre.

On le voit partout, on le rencontre partout, dans la salle, sur la scène, dans les comités , les coulisses ou l'administration. Il est toujours bien mis, bien frisé, bien pommadé ; son jabot est plissé dans le dernier genre ; le fin diamant du Brésil brille à sa cravate ; sur son doigt joue une chevalière ornée de brillans, et la petite badine se balance dans sa main, ou va frapper une botte toujours propre, toujours luisante comme la tabatière d'écaille ou de sapin d'Écosse qu'il

présente d'un air si aimable, si gra-
cieux à tout ce qui semble porteur
d'un nez connaisseur ou digne d'une
prise. Pour passer sa vie à ne rien
faire, à promener sa personne, son
ennui et sa nullité de planches en
planches, cet homme a donc une fortune considérable? Non ; fils d'un
honnête négociant, il est devenu l'héritier d'une fortune de six mille francs
de rente assurés sur de bonnes terres.
Né avec une forte dose d'égoïsme , il
s'est dégagé de tous les liens qui
pouvaient l'arracher à son apathique
indolence. Il n'a ni femme, ni enfans,
ni amis; on ne lui voit que des connaissances, mais il en a beaucoup,
parce qu'il aime le commérage, les
propos, les caquets. Il est sot, niais,

sans aucune instruction. Malgré cela, il a la manie de se fourrer dans toutes les conversations; il juge, applaudit, critique, comme s'il n'avait fait que cela toute sa vie. C'est ce besoin d'occuper sans cesse ses yeux, sa langue, ses jambes ou ses oreilles, qui l'a engagé à jeter le superflu de ses économies dans la caisse sans fond de la plupart des administrations théâtrales. On l'a vu successivement à la Porte-Saint-Martin, au Panorama dramatique, à l'Ambigu-Comique, au Vaudeville, à l'Odéon; de l'Odéon, il a couru aux Nouveautés; il fut un des premiers à demander des actions du Gymnase dramatique, et aujourd'hui il est inscrit en tête des actionnaires du Cirque-Olympique.

S'il perd quelquefois son argent, si les déficit sont considérables, notre homme n'en a pas moins l'immense avantage de pouvoir donner de temps en temps des billets de spectacle à sa portière, à son tailleur et à ses voisins. Il protége les auteurs qui ont la bonhomie de compter sa voix pour quelque chose au comité. Les figurans se recommandent à son crédit pour obtenir une petite augmentation; l'ouvreuse de loges est très-polie avec lui, parce qu'elle espère qu'il la fera maintenir dans la place qui lui rapporte de si bons profits. Il est vrai que, si les petits intérêts se groupent autour de ce brave et digne soutien des théâtres de Paris, les gros le dédaignent, et se moquent de lui : l'auteur en fa-

veur le salue à peine; les premiers acteurs le regardent comme une statue,
ou comme un *portant* de coulisses.
Mais il s'en venge à sa manière : dans
la petite sphère qu'il parcourt, il va
colporter les nouvelles vraies ou faus-
ses que la malignité a fait parvenir à
ses oreilles. Gazette infatigable, il
connaît la vie entière de tout ce qui,
à Paris, met du rouge sur les deux
joues; et d'ailleurs, quand il ne sait
rien, il invente; mais, comme il peut
inventer, c'est-à-dire sans esprit, sans
gaîté, son impudence va quelquefois
se charger de quelque fait galant ou
de quelque œuvre littéraire. Il ne
s'est pas vanté d'avoir fait payer à un
jeune auteur la protection qu'il lui
accordait, par une portion de gloire

et de succès; mais il voudrait faire croire qu'il a blessé quelques cœurs, fait tourner quelques têtes : impossible. Egoïste possesseur de deux mille écus de rente, on sait que, de toutes les faveurs dont vous vous vantez si hautement, la plus importante a été de caresser le menton d'une Danaïde, ou de presser la taille d'une choriste de *Robin des Bois !*

La journée de M. l'actionnaire a été partagée en séances de café, de cabinets de lecture, en répétitions, en représentations, en comités, en séances administratives. Il a entendu frédonner, déclamer ou chanter. La tête étourdie par tout ce qui a retenti à ses oreilles pendant douze heures de la journée, content d'avoir vu ruiner quatre ou cinq de ses collègues, il rentre chez lui, persuadé qu'il est quelque chose, qu'il a fait quelque chose. Si vous pouviez expliquer sa pensée, au moment où il dépose sa tête sur l'oreiller, vous seriez tout étonné d'apprendre qu'il se croit indispensable au monde, que sans lui l'art dramatique serait perdu en France; et il pensera demain ce qu'il pense aujourd'hui, et vous le verrez toujours tel que vous l'avez vu, et vous ferez bien de l'éviter, de le fuir, jusqu'à ce qu'il plaise à Dieu de le rappeler à lui, et de placer sur quelque tête moins vide les deux mille écus de rente que, fort heureusement pour lui et les administrations théâtrales, le père de M. l'actionnaire a bien et solidement hypothéqués.

Le Travail.

Une occupation fixe et régulière est indispensable à l'homme : elle prévient le désordre dans lequel le jeterait l'impatience de se mouvoir, jointe à l'incertitude de ses mouvemens; elle le soustrait au poids de l'ennui; elle empêche ses forces de s'engourdir, de divaguer, de s'entre-détruire peut-être ; elle entretient donc l'activité, en la réglant, en la garantissant des écarts. Le travail captive les sens, les soumet à un régime salutaire; il les rappelle à leur juste fonction, en leur apprenant qu'ils ne sont pas seulement des instrumens de jouissance, mais qu'ils sont aussi et surtout des organes d'action, des instrumens de production utile. Il est une école de sobriété, de tempérance. Les exercices du travail préviennent, apaisent les orages de l'imagination, dissipent les vains prestiges, détournent les vagues rêveries, ramènent au spectacle des réalités, rendent leur autorité aux enseignemens de la pratique. Ils cultivent sans relâche l'attention par l'application qu'ils demandent; ils exercent à la persévérance, à la précision, à la méthode; ils vous contraignent à entrer dans les secrets de l'esprit d'ordre et de l'esprit de suite, secrets si importans pour tout l'ensemble de notre conduite. Le

travail entoure de digues protectrices
ces desirs sans aveu, dont l'impétuo-
sité déréglée n'eût pas été peut-être
suffisamment prévenue par la raison
seule. Il les emprisonne, pour ainsi
dire; il vient ainsi au secours de la
sagesse, pour conserver là modéra-
tion, et avec elle la paix du dedans,
l'équilibre des facultés et la santé de
l'âme.

A l'abri du travail, sous les habitudes sérieuses et régulières qu'il fait
contracter, l'homme goûte donc plus
de sécurité ; il est mieux défendu
contre les passions, qu'on pourrait
appeler le vagabondage des penchans.
Sa faiblesse y trouve un réfuge, sa
mollesse un remède. Les hommes laborieux, dans les conditions inférieu-

res, quels que soient les dédains que nos préjugés répandent sur leur modeste travail, éprouvent ordinairement une fierté intérieure, paisible, silencieuse, que le monde ne soupçonne pas, que l'observateur superficiel ne découvre pas, mais bien remarquée par ceux qui ont obtenu leur confiance; et ils nourrissent un dédain secret pour ceux qui, même au sein du luxe, mènent une vie oisive.

Le travail est l'école de la résignation : il nous enseigne notre dépendance; il nous rappelle ce que nous devons à autrui; il corrige et punit notre vanité; il est un long et continuel commentaire de cette vérité capitale qui définit la vie humaine comme

une grande épreuve et une haute pré-
paration. Le travail étant de toutes
les origines de la propriété la plus
claire et la plus légitime, celui qui
est voué à la carrière du travail, com-
prend mieux le respect dû à la propriété, et par conséquent une branche importante de notions de la
justice. Il s'accoutume à voir, dans
les avantages de la vie, une récom-
pense méritée. En général, les hommes laborieux sont amis de l'ordre,
l'ordre de la société étant institué
pour protéger le travail de chacun,
et lui en assurer les produits.

Le Négociant à la mode.

Si le luxe est la principale branche d'industrie de beaucoup d'habitans de la capitale , la manie de briller est aussi la principale cause des culbutes qui ont lieu presque tous les jours. Paris n'est rempli que de gens qui veulent paraître ce qu'ils ne sont pas. La science de maint Parisien consiste à cacher sa misère sous un dehors brillant, et à faire des dupes pour acquérir du crédit. Des emprunteurs perfides, des ouvriers escrocs, des filoux adroits, des intrigans hypocrites, des usuriers infatigables, des marchands imposteurs et des banqueroutiers impunis, voilà ce que l'observateur trouve à chaque pas.

Dès que l'on prend un établissement, on se propose, que dis-je? on est certain de réussir. On s'autorise de l'exemple des gens qu'on a vus prospérer; on n'examine pas si l'on est placé dans les mêmes circonstances, si l'on a les mêmes moyens, la même activité, la même exactitude, la même économie, et si l'on inspire la même confiance. On s'aveugle sur ses défauts, sur ses talens; on se repose sur son esprit; on confie le succès au hasard; on se console en pensant qu'on ne meurt pas d'une banqueroute, on se compare aux honnêtes gens que le malheur a réduits à faillir ; enfin on expose le peu d'honneur qu'on a au plaisir de se dire : « J'ai un certain rang dans le monde ; je puis, si je le veux, avoir mes entrées à la Bourse ; en un mot, je suis né-gociant. »

Quand on a bien formé son plan, on le met à exécution. On décore sa maison, on achète des meubles nou-veaux, des glaces, des bureaux, des comptoirs en acajou. La peinture, la dorure sont prodiguées de toutes parts. On fait magnifiquement graver en taille-douce des adresses, des têtes de lettres, des factures et des billets à ordre. Des circulaires partent, et dans tous les coins de la France on apprend qu'il vient de s'établir une nouvelle maison de commerce à Paris. Alors seulement on songe à remplir l'intérieur de son magasin avec le peu de fonds qui restent de toutes les dépenses qu'a nécessitées le besoin d'écraser son voisin, dont la maison est décorée depuis six mois, et par conséquent antique et de mauvais goût. Il arrive quelquefois qu'après avoir tout sacrifié à l'extérieur, on se trouve forcé par d'insolens créanciers d'ajourner l'ouverture de son magasin. Quelquefois aussi on tient trois, six mois, un an même; mais la catastrophe arrive, et, comme la grenouille de la fable, à force de s'enfler, on finit par.... crever.

Cependant, avant d'en venir là, on éprouve des jouissances : on a quinze jours la vogue; souvent même on l'achète pour plus long-temps, soit en vendant au-dessous du cours, soit en donnant à bon marché des marchandises dont l'acheteur reconnaît plus tard la mauvaise qualité. Ces petits succès tranquillisent un négociant; alors plus de retenue : on tient maison, on donne des bals, des fêtes; on loue une campagne; on achète un cabriolet, un cheval; la mise est plus soignée. Madame veut avoir une femme de chambre; il lui faut des diamans, des parures de toute espèce; et le comptoir officieux fournit à tous ces caprices. Cependant les fins de mois arrivent : les peintres, les décorateurs, les fournisseurs sont à payer : ils pressent de régler leurs mémoires. On ne peut se dispenser

de faire quelques effets payables à de
courtes échéances ; car on compte
toujours sur les mêmes rentrées. Mais
bientôt, hélas! la vente prouve que
l'on a compté sans son hôte. Néanmoins on s'est accoutumé au luxe, à
l'aisance. Monsieur ne veut pas se
défaire de son cabriolet; madame
tient à ses diamans : on a recours, pour
se tirer d'affaire, aux *billets de com-
plaisance*, et, sous un nom supposé,
on contracte envers soi-même une
obligation qu'un bon ami endosse
et qu'un usurier escompte.

Or, comme il faut soutenir son
crédit, avec ce petit secours on augmente alors ses dépenses. Mais enfin
tout se sait : on refuse le renouvelle-
ment des billets ; le crédit baisse ; on

ne trouve plus d'argent dans aucune bourse, et cette cruauté met dans la nécessité d'engager un jour les créanciers à dîner, et de leur expliquer, entre la poire et le fromage, le piteux état de ses affaires. On ne manque pas de mettre sur son bilan des sommes énormes pour des maladies qui n'ont jamais existé; on y joint un état de son actif, après avoir eu le soin de se faire payer ses bonnes créances, et de ne laisser que les mauvaises. On offre modestement dix pour cent; on s'arrange à quinze, parce que l'on prouve que l'on ferait perdre la totalité, si l'on se voyait obligé à une faillite ouverte. Après cette belle équipée, on rentre dans le sein de la société bourgeoise; on vit d'intrigues et d'industrie; on fait de nouvelles spéculations, qui amènent dix fois de suite les mêmes résultats. Et voilà ce que certaines gens appellent aujourd'hui *faire le commerce*.

L'Homme aux Entreprises.

Audaces fortuna juvat : heureux hémistiche pour les honnêtes gens comme pour les gens malhonnêtes ! car Horace ne s'explique pas très-clairement sur la nature de l'audace ; et, à voir la série de criminels qui défilent sur les bancs de la Cour d'assises, on pourrait croire que le vers du poète latin fait fortune. L'interprétation qu'on lui donne est un peu forcée, il faut en convenir ; mais enfin le commentaire est de rigueur, et il est curieux d'entendre un voleur

de grands chemins attester le chantre
de Tibur, l'auteur de l'*Art poétique*.
Avis aux poètes qui font de beaux
vers, et débitent des maximes dont
l'influence peut être si funeste aux
voyageurs, aux propriétaires, et tourner au profit des gens qui n'ont rien,
et qui ne voyagent point.

D'Héricourt se souvient parfaitement d'avoir appris un peu de latin
aux écoles centrales, et d'avoir tra-
duit quelques passages d'Horace ;
mais il a tout oublié, hormis le sens
du vers fameux. Frappé de la justesse
et de la précision de cette maxime, il
l'a inscrite en lettres d'or au-dessus
de son secrétaire, et sa vie en est le
laborieux développement. D'Héricourt a eu d'abord le bonheur d'hé-

riter de cinquante mille livres de rente; c'est un fonds d'audace qui le met à même d'exercer son activité aventureuse, de la prodiguer en mille occasions. Mais, chose extraordinaire! il ne s'est pas encore ruiné; sa fortune n'a éprouvé que de légères atteintes. Qu'a-t-il donc manqué à d'Héricourt pour être aujourd'hui un des plus gros capitalistes de France? Cinquante mille livres de rente de moins : il a fait pour s'enrichir tout ce que fait un homme qui n'a rien. Il était né riche, et la fortune ne lui a pas tenu compte de son zèle. Cette fortune, contre laquelle on déclame si souvent, a du bon quelquefois.

Notre homme est à l'affût de toutes les inventions nouvelles, de tous

les nouveaux procédés ; les journaux
d'annonces lui sont remis à son lever,
et il les dévore comme les romans les
plus agréables. Une société formée
pour quelques grands travaux publie-
t-elle son prospectus ; un pont doit-il
être construit par des actionnaires ;
un théâtre va-t-il être bâti, tout de
suite on le voit arriver pour prendre
connaissance des clauses et charges
de l'entreprise ; il les examine, s'ins-
talle au bureau ; et, s'il n'entre pas
dans l'opération, il donne du moins
son avis. L'histoire de tous les emprunts, de tous les établissemens qui
ont eu lieu depuis trente ans lui est
familière. Toutes les parties du monde
sont tributaires de sa manie entrepre-
nante : il a des fonds placés dans l'ex-

ploitation d'une mine de cuivre en Russie, et d'une sucrerie à la Martinique; il est raffineur dans le département du Loiret, corroyeur dans l'Ardèche, vigneron dans la Côte-d'Or, marchand de laines dans le Cher. Dans la même matinée, il écrit des lettres sur le sucre, sur la betterave, sur le savon, sur le vin, sur les cuirs, sur la cannelle. Homme prodigieux, qui correspond avec l'univers, qui n'a aucune opinion politique, et qui ne fait acception d'aucun principe; qui en même temps est membre de la société pour l'abolition de la traite des nègres, et a un intérêt considérable sur un vaisseau négrier, équipé à Nantes; qui souscrit à un emprunt du dey d'Alger, et à un emprunt d'un potentat chrétien ; qui fournit de la poudre aux Turcs, et des pistolets aux Grecs : homme singulier, homme étonnant, dont toute l'existence est consacrée au voyage de ses capitaux par mille routes diverses.

D'Héricourt a souvent essuyé des pertes : les deys et les potentats chrétiens, tels que le roi d'Espagne, ne sont pas toujours très-exacts à remplir leurs engagemens ; les Turcs ont quelquefois brûlé de la poudre qu'ils n'ont pas payée. Mais le vent de la mauvaise fortune ne souffle pas partout ; et, quand notre homme a été malheureux au nord, il a été heureux au midi. En somme, c'est un citoyen utile, ou plutôt un véritable philanthrope, qui imprime un grand mou-

vement aux opérations commerciales;
il entreprend partout où il y a à entreprendre : mais on courrait risque de
se ruiner, en voulant l'imiter.

Le Charlatanisme.

Le charlatanisme a fait de grands progrès depuis quelques années : des gens qui n'avaient aucun mérite ont cru pouvoir y suppléer par des artifices, des ruses et des piéges plus ou moins innocens. Enfin le charlatanisme est devenu une sorte de science, à laquelle il ne manque que des professeurs et un cours public. Telle est son influence en ce siècle, que nous ne serions pas étonnés de voir quelque jour s'élever une chaire où un docteur improvisera, à la manière de MM. Villemain, Cousin et Compagnie, d'éloquentes leçons sur la manière la plus sûre, la plus économique de mystifier le bon peuple. Un écrivain spirituel, M. Montigny, a récemment, dans son *Provincial à Paris*, tracé un tableau aussi vrai que piquant du charlatanisme ; nous empruntons à cet ouvrage un fragment qu'on lira sans doute avec plaisir.

« Dans le commerce, par le temps qui court, c'est à qui enchérira sur son voisin pour fixer l'attention publique. Les commerçans ont débuté dans la carrière du charlatanisme par le luxe outré des boutiques et celui des enseignes ; ce ridicule a été fort spirituellement chansonné au théâtre ; mais ni les marchands, ni même le public n'en ont tenu compte. On a continué de se ruiner en dorures, en comptoirs d'acajou ; les dimensions des lettres d'or de chaque enseigne ont été augmentées , et l'on s'est adressé à de véritables artistes pour la décoration intérieure ou extérieure d'un magasin de schals , de bottes ou de chapeaux. Les Parisiens ont eu enfin leur muséum des rues , et l'on a vu mainte fois des croûtes d'une extrême faiblesse exposées au salon , tandis que des tableaux-enseignes d'une grande beauté n'étaient exposés qu'aux injures de l'air.

Choisissons quelques exemples de la vanité qui s'est glissée dans tous les états. Un *bottier* ne s'est plus contenté de ce titre trop simple ; il a fait écrire sur son enseigne, en gros caractères : *Botterie civile et militaire.* Les cordonniers, qui sont aussi orgueilleux que leurs confrères en Saint-Crépin, *tiennent magasin de souliers;* les perruquiers sont *coiffeurs;* les apothicaires sont devenus *pharmaciens et chimistes;* et les détaillans de la liqueur bachique à dix sous le litre, au lieu de continuer à s'appeler comme autrefois, ont actuellement un *commerce de vins.*

Il y a quelque temps encore on attendait les consommateurs ; maintenant on prévient tous leurs desirs : on se les arrache, on court après eux, on les prévient par mille amorces trompeuses : de là cette foule de *prospectus, d'avis importans, de ventes au-dessous du cours, d'annonces de rabais*, *de ventes après cessation de commerce* ou *pour cause de départ*: rien de tout cela n'est vrai, c'est du pur charlatanisme.

Aussitôt qu'un marchand, un tant soit peu enclin à briller, a vu un confrère embellir son magasin, il a fait du sien un boudoir, un petit palais. Le luxe a gagné toutes les professions, même celles qui en paraissent le moins susceptibles, et l'on en est venu à faire la *coupe des cheveux* dans des *salons*.

Certains restaurateurs à bas prix, pour allécher le public, ont imaginé des affiches qui promettent monts et merveilles : *dîners copieux à 16 sous par tête ; grand restaurant à 1 franc 50 centimes ; tout Paris voudra voir l'établissement tenu par M...; on a pour 22 sous potage, quatre plats au choix, dessert, une bouteille d'excellent vin, etc., etc. :* tout cela n'est que du charlatanisme.

Citons encore quelques exemples pris au hasard. Un spéculateur loue la moitié du quatrième étage d'une maison, dont l'escalier se trouve au fond d'une allée étroite et obscure, et fait inscrire au-dessus de la porte d'entrée, en grosses lettres d'or : *grand hôtel de l'Univers meublé à louer :* charlatanisme.

Tous les journaux proclament la découverte d'un nouveau cosmétique ; à les entendre, il est au-dessus de tout ce que la chimie a composé en ce genre. Voici le fin mot : le parfumeur qui le vend ne savait comment s'en défaire ; il a changé l'étiquette de ses bouteilles, a gratifié les trompettes de la renommée de quelques cadeaux, et son secret a été annoncé sous un titre pompeux, où il entre du grec ou au moins du latin : charlatanisme.

On ne sait que faire, chez un marchand de nouveautés, d'une cinquantaine de coupons de vieilles étoffes passées de mode : quel parti prend-on ? Des affiches portant qu'un *grand assortiment* vient nouvellement d'arriver, sont répandues avec profusion. On y joint le prospectus d'une vente au rabais. Les badauds les lisent, et se transportent bien vite à l'adresse indiquée : charlatanisme.

On ne savait plus comment rele-
ver un ancien magasin déchu dans
l'opinion publique; la politique y
pourvoit. Pour quelques centaines
de francs, on obtient d'un secrétaire
des commandemens ou d'un commis
d'ambassade le brevet et le titre de
fournisseur d'une Altesse ou française, ou autrichienne, ou russe; on
fait fabriquer de magnifiques écussons,
armoiries, on les place au-dessus de
sa boutique, et les passans ébahis
s'arrêtent eu foule devant le magasin ainsi régénéré, et les consommateurs s'y transportent, et l'on est
prôné en tous lieux : charlatanisme,

Un directeur de spectacle voit sa
salle abandonnée par le public : il
inscrit un jour en tête de ses affiches

spectacle demandé. Veut-il faire croire qu'une pièce tombée à plat a réussi? il fait annoncer dans les petits journaux qu'à la demande générale du public *le spectacle ne commencera qu'à huit heures;* ou bien, suivant les us et coutumes de l'administration d'un grand théâtre du boulevard, il ajoutera à l'affiche de spectacle une note conçue en ces termes : *les personnes qui ont loué des loges pour la représentation, sont priées de retirer leurs coupons avant midi ; les entrées de faveur sont généralement suspendues.* L'affiche d'un autre théâtre du boulevard contient toujours cette dernière annonce, et c'est le théâtre où l'on prodigue le plus les billets de faveur : charlatanisme! charlatanisme!

Un placard haut de six pieds, surmonté d'un beau dessin lithographié, annonce une *fête extraordinaire* dans un jardin public passé de mode; on y lit en gros caractères que le billet d'entrée sera de *cinq francs*. Charlatanisme : le soir même, à tous les coins de rues qui conduisent à ce lieu de plaisir, on vous offre des billets au quart de ce prix, que l'administration fait vendre pour son compte.

Il y aurait de la folie à entreprendre d'énumérer tous les moyens que le charlatanisme emploie pour tromper ce pauvre public, qui s'y laisse toujours prendre. Aussi me suis-je contenté d'en citer quelques-uns entre mille. »

Un Marchand de Tableaux.

Un maquignon coupe les oreilles, la queue, et fait les poils à son cheval, puis il lui graisse les sabots : voilà un animal paré, et qui n'attend plus que l'amateur.

Le marchand de tableaux vernit, revernit, décrasse, rallonge, racourcit; met ou ôte des figures, voilà une peinture parée ; elle est remise à un appréciateur, expert en objets d'arts, qui les baptise de confiance. Ici cependant ce n'est pas le parrain qui paiera les dragées, mais bien le père

par adoption. Le marchand de chevaux vous raconte la filiation de sa
rosse de père en fils; le marchand de
tableaux vous cite tous les cabinets
fameux que sa croûte a embellis.

Viennent les catalogues, partie essentielle, et sans laquelle il n'y aurait
pas de peinture en France. Pour faire
des catalogues, il faut savoir ce que
c'est que ciel clair et argentin, lointains
vaporeux, tons chauds et transparens,
touche mystérieuse, empâtement et
morbidesse, clair, obscur, etc. Après
cela, vous pouvez hardiment faire
l'appréciateur en peinture, et vous
donner le nom d'expert tout aussi
bien que maîtres Henri, Paillet,
Bon, et autres catalogueurs ou cata-
logistes de l'hôtel Bullion. Presque

tous les faiseurs de catalogues ont été
auparavant faiseurs de croûtes. Ils
ont abandonné un art trop difficile
pour eux, et se sont métamorphosés
un beau jour en connaisseurs et cri-
tiques; ce qui est bien plus facile.

Il faut lire le *pathos* et le galima-
tias de ces messieurs, quand ils parlent de beaux-arts. Il en est un surtout qui se fait remarquer depuis
long-temps par son originalité. Dé-
crit-il un tableau? il interroge les per-
sonnages que ce tableau représente,
les fait répondre, et même chanter au
besoin. Veut-il d'un seul trait vous
faire sentir le mérite de la composition? il vous dit: « Racine a fait son
Athalie, et Wouvermans son *Colombier*; donc *Athalie* et le *Colombier*

sont deux chefs-d'œuvre. » Il inter-
cale à tout cela quelques mots de
grec et de latin, qu'il a recueillis sur
des enveloppes de beurre et de fromage, pour la très-grande satisfaction, pour la plus grande instruction
des Normands, marchands étalagistes,
qui sont pour la plupart les plus sa-
les et les plus adroits coquins du
monde.

Malheur à toi, honnête bourgeois
de Paris, si tu tombes entre les mains
des maquignons de peinture ! As-tu
mordu à l'hameçon ? on te dira que
tu es plein de goût pour les beaux-
arts, et qu'un jour tu pourras même
faire des catalogues. Mais le moment
arrive de vendre ton superbe cabinet,
et de remettre en circulation tous les

chefs-d'œuvre baptisés ès-mains d'experts; c'est alors qu'il y aura des pleurs et des grincemens de dents. Si, dans un moment d'humeur, tu t'adresses à ton maquignon, et lui reproches les beaux marchés qu'il t'a fait faire, le bourreau, qui a empoché tes écus, te rira au nez, et te dira que, pour le moment, il n'y a plus de goût en France.

Catéchisme proverbial industriel.

* L'oisiveté est comme la rouille, elle use beaucoup plus que le travail : la clef dont on se sert est toujours claire.

* Si vous tenez à la vie, ne prodiguez pas le temps ; car c'est l'étoffe dont la vie est faite.

* Le temps perdu ne se retrouve jamais, et ce qu'on appelle *assez de temps* se trouve toujours trop court.

* La paresse rend tout difficile; le travail rend tout aisé.

* Celui qui se lève tard s'agite tout le jour, et commence à peine ses affaires qu'il est déjà nuit.

* La paresse va si lentement, que la pauvreté l'atteint bientôt.

* Poussez vos affaires, et que ce ne soient pas elles qui vous poussent.

* Se coucher de bonne heure et se lever matin procurent santé, fortune et sagesse.

* Le travail n'a pas besoin de souhaits.

* Celui qui vit d'espérance court risque de mourir de faim : il n'y a pas de profit sans peine.

* Un métier vaut un fonds de terre; une profession réunit honneur et profit.

* L'activité est la mère de la prospérité, et Dieu ne refuse rien au travail.

* La faim regarde à la porte de l'homme laborieux, mais elle n'ose pas y entrer.

* Le travail paye les dettes, et le désespoir les augmente.

* Labourez pendant que le paresseux dort : vous aurez du blé à vendre et à garder.

* Ne remettez jamais à demain ce que vous pourrez faire aujourd'hui.

* Une souris, avec du travail et de la patience, finit par couper un câble, et de petits coups répétés abattent de grands chênes.

* Employez bien votre temps, si vous voulez mériter le repos ; et ne perdez pas une heure, puisque vous n'êtes pas sûr d'une minute.

* La paresse engendre les soucis

et le loisir sans nécessité produit des peines fâcheuses.

* Le travail amène à sa suite les aises, l'abondance et la considération.

* Les plaisirs courent après ceux qui les fuient.

* La fileuse vigilante ne manque jamais de chemise.

* Trois déménagemens font le même tort qu'un incendie.

* Gardez votre boutique, et votre boutique vous gardera.

* Si vous voulez faire votre affaire,

allez-y vous-même ; si vous voulez qu'elle ne soit pas faite, envoyez-y.

* Pour que le laboureur prospère, il faut qu'il conduise lui-même sa charrue.

* L'œil d'un maître fait plus d'ouvrage que ses deux mains.

* Ne point surveiller les ouvriers, c'est livrer sa bourse à leur discrétion.

* Si vous voulez avoir un serviteur fidèle, et que vous aimiez, servez-vous vous-même.

* Le trop de confiance dans les

autres est la ruine de bien des gens ; et, dans les affaires de ce monde, ce n'est pas par la foi qu'on se sauve, mais c'est en n'en ayant pas.

* Le savoir est pour l'homme studieux, et les richesses pour l'homme vigilant.

* Faute d'un clou, le fer d'un cheval se perd ; faute d'un fer, on perd le cheval ; et, faute d'un cheval, le cavalier lui-même est perdu.

* Plus la cuisine est grasse, et plus le testament est maigre.

* Si vous voulez être riche, n'apprenez pas seulement comment on

gagne; sachez aussi comment on ménage.

* Il en coûte plus cher pour entretenir un vice que pour élever deux
enfans.

* La délicatesse du goût conduit
à la mendicité.

* Les fous donnent les festins, et
les sages les mangent.

* Si tu achètes ce qui est superflu
pour toi, tu ne tarderas pas à vendre
ce qui t'est le plus nécessaire.

* Il faut toujours réfléchir avant
de profiter d'un bon marché.

* C'est une folie d'employer son argent à acheter un repentir.

* Les étoffes de soie, les satins, les écarlates et les velours éteignent le feu de la cuisine.

* Les enfans et les fous s'imaginent que vingt francs et vingt ans ne peuvent jamais finir.

* Quand le puits est sec, on connaît la valeur de l'eau.

* Celui qui va faire un emprunt, va chercher une mortification.

* Les grands vaisseaux peuvent

s'aventurer au large, mais les petits bateaux doivent se tenir près du rivage.

* L'orgueil déjeûne avec l'abondance, dîne avec la pauvreté, et soupe avec le mépris.

* Le second vice est de mentir, le premier est de s'endetter.

* Il est difficile qu'un sac vide se tienne debout.

* Les créanciers ont meilleure mémoire que les débiteurs.

* Les créanciers sont une secte su-

perstitieuse et grands observateurs de toutes les époques du calendrier.

* Le carême est bien court pour ceux qui doivent payer à Pâques.

* Le soleil du matin ne dure pas tout le jour.

* Il est plus aisé de bâtir deux cheminées que d'en tenir une chaude.

* Allez plutôt vous coucher sans souper, que de vous lever avec des dettes.

* Gagnéz ce que vous pourrez; et gardez votre gain : voilà le véritable secret de changer votre plomb en or.

* On peut donner un bon avis, mais non pas la bonne conduite.

* Celui qui ne sait pas être conseillé ne peut pas être secouru.

MAXIMES.

MAXIMES.

—

Il agit avec sagesse celui qui, sans ambition, examine quelle fortune lui serait nécessaire pour jouir de l'aisance, et cherche à l'acquérir. Mais, quand il la possède, s'il veut l'accroître, s'il fait un pas au-delà du terme qu'il a fixé, le jour où, plus raisonnable, il ne voulait qu'être heureux, sacrifiant le bonheur, il l'échange contre un moyen incertain d'acheter du plaisir.

Partout on voit des spéculateurs habiles ; rarement trouve-t-on des hommes qui sachent user en épicuriens d'une fortune médiocre : ce n'est pas l'art d'acquérir, c'est l'art de dépenser qu'il faudrait leur apprendre.

Notre but dans la vie doit être le bonheur, idée trop simple qu'on dédaigne ou qu'on oublie ! A voir tant de gens s'agiter, on croirait que l'homme fut placé sur la terre, non pour être heureux, mais pour devenir opulent.

Se contenter d'une fortune médiocre est la meilleure preuve de philosophie; toutes les autres sont au moins douteuses. Celui qui sait vivre de peu donne seul une haute garantie de la probité et du courage qu'il saurait conserver dans des situations difficiles. Celui-là seul a mis, autant qu'il est possible, sa vertu, son repos, son bonheur, à l'abri des vicissitudes du sort, et des caprices de ses semblables.

Faire fortune est une si belle phrase, et qui dit une si bonne chose, qu'elle est d'un usage universel. On la connaît dans toutes les langues;

elle règne à la cour et à la ville ; elle a percé les archevêchés et les cloîtres, et franchi les murs des églises : il n'y a point de lieux sacrés où elle n'ait pénétré.

Il ne faut pas beaucoup de réflexions pour faire cuire un poulet; et cependant nous voyons des hommes qui sont toute leur vie mauvais rôtisseurs; tant il est nécessaire dans tous les métiers d'y être appelé par un instinct particulier, et comme indépendant de la raison!

La science des projets consiste à prévenir les difficultés de l'exécution.

Il vaut mieux déroger à sa qualité qu'à son génie : ce serait être fou de conserver un état médiocre au prix d'une grande fortune ou de la gloire.

L'extrême avarice se méprend presque toujours ; il n'y a pas de passion qui s'éloigne plus souvent de son but, ni sur qui le présent ait tant de pouvoir au préjudice de l'avenir.

Il faut moins d'esprit que d'habitude ou d'expérience pour faire sa fortune. L'on y songe trop tard, et, quand enfin l'on s'en avise, l'on commence par des fautes, qu'on n'a pas toujours le loisir de réparer : de là vient peut-être que les fortunes sont si rares.

Celui-là est riche qui reçoit plus qu'il ne consume ; celui-là est pauvre dont la dépense excède la recette.

Il n'y a au monde que deux manières de s'élever : ou par sa propre industrie, ou par l'imbellicité des autres.

Si vous n'avez rien oublié pour votre fortune, quel travail! Si vous avez négligé la moindre chose, quel repentir!

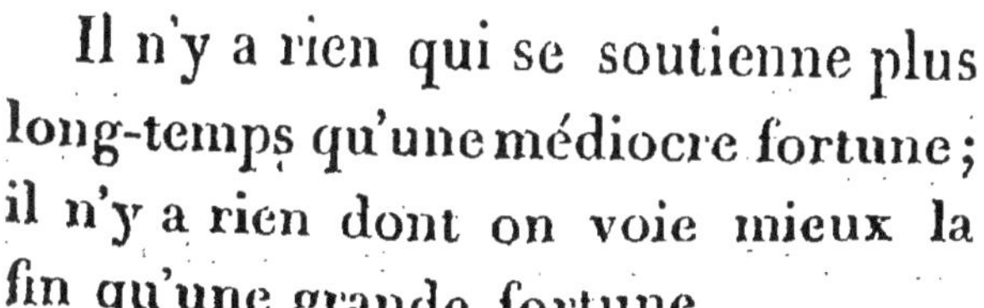

Il n'y a rien qui se soutienne plus long-temps qu'une médiocre fortune; il n'y a rien dont on voie mieux la fin qu'une grande fortune.

23..

Ce qui fait que tant de gens de toutes les professions se plaignent amèrement de leur profession, est qu'ils ont quelquefois le mérite d'un autre métier que celui qu'ils font.

Il est nécessaire à l'homme qui entreprend des choses bonnes et utiles, d'acquérir une fermeté soutenue, toujours dirigée par la raison. Lorsqu'il n'en est pas ainsi, les obstacles semblent saisir, pour se montrer avec le plus de force, le moment où l'attrait s'est ralenti. On suspend son ouvrage, les résolutions s'affaiblissent, l'humeur prolonge l'interruption, on abandonne sa tâche, on devient

mécontent des autres, de soi-même
et de sa position.

⊛

Le luxe est à la suite du commerce
comme le mal est à la suite du bien.

⊛

La considération est le revenu du
mérite d'une vie honnête.

⊛

Celui qui n'a pas l'âme assez forte
pour se soumettre à sa situation,
quelle qu'elle soit, ne sera jamais heu-

reux, dans quelque état qu'on lui
procure.

⊛

Le nombre des fripons est grand,
et l'estime est un sentiment dont
malheureusement on n'a pas d'occasion de faire usage.

⊛

On a dit que l'oisiveté est la mère
de tous les vices; on peut ajouter
qu'elle l'est de l'ennui le plus insup-
portable.

L'économie est la source de l'indépendance et de la liberté.

⊛

Paris est un pays bizarre, où le bon sens et la raison sont souvent en défaut, où l'on arrive rarement à son but en suivant les routes ordinaires, mais où la persévérance et l'adresse font réussir plus de projets que la justice et la raison.

L'avantage de posséder ne va pas sans le desir de conserver, et du desir de conserver naît l'amour de l'ordre.

Plus les propriétaires sont en grand

nombre et leurs possessions inviola-
bles, plus les échanges sont faciles et
multipliés, plus les agens du travail
sont habiles et nombreux, et plus un
peuple est près de parvenir à l'apogée
de sa richesse.

Quand les richesses, c'est-à-dire
les causes du bien-être, se trouvent
disséminées dans toutes les classes de
la société, la morale suit la marche
progressive de la civilisation.

On ne saurait calculer les revenus
de l'industrie. Un fonds ne produit

annuellement à son maître que la vingtième partie de sa valeur; mais avec dix ou douze francs de couleur un peintre fera un tableau qui vaudra cinquante louis. On peut en dire de même de toutes les espèces d'ouvriers et d'artisans.

Les fortunes promptes en tout genre sont les moins solides, parce qu'il est rare qu'elles soient l'ouvrage du mérite. Les fruits mûrs, mais laborieux de la prudence sont toujours tardifs.

Dans les affaires importantes, on

doit moins s'appliquer à faire naître
des occasions qu'à profiter de celles
qui se présentent.

⁂

L'on ne se rend point sur le desir
de posséder et de s'agrandir : la bile
gagne et la mort approche, qu'avec
un visage flétri et des jambes déjà
faibles, l'on dit : ma fortune, mon
établissement.

⁂

Ce que l'on prodigue, on l'ôte à
son héritier; ce que l'on épargne sor-
didement, on se l'ôte à soi-même :

le milieu est justice pour soi et pour
les autres.

Vous voyez, à Paris et dans beaucoup d'autres villes, des gens qui ont
de quoi vivre jusqu'au jour du jugement, qui travaillent sans cesse, et
qui courent risque d'abréger leurs
jours pour amasser , disent-ils, de
quoi vivre.

L'expérience tient une école où les
leçons coûtent cher ; mais c'est la
seule où les insensés puissent s'instruire.

24

✸

Le loisir est un temps qu'on peut employer à quelque chose d'utile. Il n'y a que l'homme vigilant qui puisse se procurer cette espèce de loisir, auquel le paresseux ne parvient jamais.

✸

La paresse engendre tous les vices ; la justesse de cet adage est reconnue. L'homme doit donc dès son enfance contracter l'habitude du travail, et l'on doit trouver fort sage, quoique rigoureuse en apparence, cette ordonnance que publia Solon à Athè-

ries : « Le fils ne sera point tenu de
nourrir son père en sa vieillesse, si
celui-ci ne lui a fait apprendre un
métier dans son enfance. »

Un nombre infini de maîtres de
langues, d'arts et de sciences ensei-
gnent ce qu'ils ne savent pas ; et ce
talent est bien précieux : car il ne faut
pas beaucoup d'esprit pour montrer
ce qu'on sait, mais il en faut infini-
ment pour montrer ce qu'on ignore.

Si l'homme qui n'a point d'éduca-

24.

tion n'est pas laborieux, s'il mène une vie oisive, il est bien difficile qu'il soit honnête homme.

FIN.

Table.

TITRE DEUXIÈME.

LE PETIT COMMERCE.

TITRE TROISIÈME.

LE HAUT COMMERCE.

TITRE QUATRIÈME.

LES LETTRES, LES SCIENCES ET LES ARTS.

FIN DE LA TABLE.